Johannes Staemmler (Hg.)
99 Zukunftsobjekte aus der Lausitz

99 Zukunftsobjekte aus der Lausitz

Herausgegeben von Johannes Staemmler

Ch.Links VERLAG

Dieses Buch ist entstanden mit der Unterstützung
des Fördervereins der Brandenburgischen Technischen
Universität Cottbus-Senftenberg e.V.

Die Deutsche Nationalbibliothek verzeichnet diese Publikation
in der Deutschen Nationalbibliografie;
detaillierte bibliografische Angaben sind im Internet über
www.dnb.de abrufbar.

Ch. Links Verlag ist eine Marke der Aufbau Verlage GmbH & Co. KG

Umschlaggestaltung: Rothfos & Gabler, Hamburg
Satz: Nadja Caspar
Druck und Bindung: Friedrich Pustet GmbH & Co. KG,
Gutenbergstr. 8, 93051 Regensburg

ISBN 978-3-96289-228-9

Inhalt

Johannes Staemmler und Kathrin Schlüßler |
Vom Greifen zum Begreifen

Es gibt Objekte, Dinge, die man anfassen kann, die ohne Erläuterung rundum positive Gefühle erzeugen. Allen fällt sicher ein solcher Gegenstand ein. Für uns sind es die Lieblingstassen. Die eine groß und bauchig, die andere schlank, fassen sie unsere Lieblingsgetränke. Oft entströmt ihnen der wohlige Geruch von frisch gebrühtem Kaffee oder sie wärmen mit würzigem Pfefferminztee unsere winterkalten Hände. Meist beginnt unser Tag mit einem Blick in den Schrank – die Tassen sind da, abgewaschen, einsatzbereit. Ein Griff nur, ganz selbstverständlich und alles passt. Ob der Tag dann auch wirklich gut wird, hat nur bedingt etwas mit dem Objekt zu tun. Aber es ist und bleibt positiv besetzt.

Mit den meisten Dingen verhält es sich anders. Entweder sind sie nicht eindeutig positiv besetzt, oder die Ansichten über sie gehen weit auseinander. Für die einen ist ein Sofa ein Ort der Erholung von langen Arbeitstagen, für die anderen die vermeintliche Quelle ihrer Rückenschmerzen oder gar Symbol schlimmer Einsamkeit. Oder nehmen wir die Tür zur Schule, durch die wir Hunderte Male gegangen sind. Dahinter ereigneten sich Dramen und Abenteuer, die früh prägten – im Guten wie im Schlechten. Hinzu kommt eine zeitliche Perspektive: Unsere Sicht auf die Dinge, mit denen wir leben, verändert sich, ganz einfach, weil wir uns verändern, genauso wie die Welt um uns herum.

Mit der Lausitz, einem Landstrich südöstlich von Berlin, zwischen Spreewald und Zittau, verhält es sich wie in anderen Regionen. Über Generationen haben auch hier Menschen gelebt, geliebt und gearbeitet. Und nichts spricht dagegen, dass es so weitergehen wird. Jede Zuordnung von Gefühlen und Bewertungen für einen ganzen Landstrich bleibt individuell, denn wer kann schon sagen, was all die neuen und alten Lausitzerinnen und Lausitzer über ihre (Wahl-)Heimat denken. Die Lausitz ist keine greifbare Sache, sondern ein räumlicher und zeitlicher Bezugsrahmen von Erfahrungen.

Wer die Lausitz begreifen will, wird sie nicht in einem einzigen Gespräch oder in einem Urlaub erfassen können. Erst mit der Zeit verdichtet sich ein Eindruck, der sich von Mensch zu Mensch unterscheidet. Für viele ist die Lausitz ebenjener Erfahrungsraum, in dem schon Eltern und sogar Großeltern lebten. Deren Perspektiven sind nicht unerheblich für den eigenen Blick. Und doch finden sich in

Berichten, Fernsehbeiträgen und Zeitungstexten wiederkehrende Zuschreibungen zur Lausitz: Energieregion, Ostprovinz, Siedlungsgebiet der Sorben und Wenden, Nazi-Hochburg, Braunkohlerevier, Peripherie. Diese sind genauso richtig, wie sie falsch sind. Sie funktionieren durch schmerzhafte Vereinfachung und verfangen bei denen, die ihnen keine eigenen Erfahrungen entgegensetzen können. Wir lesen vom Revier und dem Rhythmus der Kohleindustrie, die über Jahrzehnte den Takt der Lausitz vorgegeben hat, als wäre es noch heute die Lebenswirklichkeit der meisten Menschen. Fast jede Dokumentation beginnt mit einem Drohnenflug über Felder und Tagebaue. Ohne diese omnipräsente Erzählung könnten Gäste die Braunkohleindustrie und ihre Spuren übersehen. Aber auch die Lausitzerinnen und Lausitzer selbst suchen und brauchen Begriffe, denn diese geben Orientierung und schaffen Zugehörigkeit. Was über eine längere Zeit das Leben prägt, schafft Stabilität, selbst wenn es nicht durch und durch gut ist.

Dieses Buch eröffnet einen anderen Zugang zur Lausitz: Was erzählen Menschen, wenn sie etwas zu ihrer und der Lausitzer Zukunft anhand eines einzigen Objekts sagen sollen? Das ist gar nicht leicht, denn was soll man/frau über eine Zeit sagen, die er/sie noch nicht erlebt hat. Welche Sachen, die man greifen kann, werden morgen oder später relevant sein? Es geht darum, die Phantasie spielen zu lassen und einen Faden in die Zukunft zu spinnen. Die Annahme hinter diesem Ansatz ist relativ einfach: Wir alle gehen davon aus, dass wir noch eine Weile leben, und wissen nicht, wann es vorbei ist. Die großen Rahmenbedingungen der Welt prägen wir nicht unmittelbar, aber wir streben danach, ein gesundes und sinnerfülltes Leben zu führen. Was unser Leben gut macht, können wir begreifen, und wir können Dinge ergreifen, die dazu einen Beitrag leisten. Und einigen Dingen schreiben wir die Eigenschaft zu, auch morgen noch Teil unseres Lebens zu sein.

Neil MacGregor schrieb 2010 *Eine Geschichte der Welt in 100 Objekten*. Das Buch erzählt seitenreich und illustrativ, wie Forschende von heute Gegenstände aus dem British Museum interpretieren. Das Werden und die Entwicklung der Menschen lassen sich rückblickend an den Dingen beschreiben, die über Jahrtausende entstanden und erhalten geblieben sind. Angeregt durch diese Lektüre entstand die Idee, dass Menschen von heute – als Expertinnen und Experten ihrer eigenen Lebenswelten – über die Zukunft erzählen. Sicherlich werden viele der im Buch vorgestellten Objekte in tausend Jahren nicht mehr existieren. Aber um diese entfernte Zeit geht es auch gar nicht, sondern um die Menschen, die ihre eigenen Geschichten mit der kommenden Zeit in Verbindung bringen.

Das Buch 99 *Zukunftsobjekte aus der Lausitz* ist, das geben wir zu, eine Anmaßung. Denn anscheinend unterliegen wir demselben Fehler, den der Soziologe Felix Ringel nach jahrelanger Forschung in Hoyerswerda angemerkt hat: Der Osten Deutschlands – und damit auch die Lausitz – wird immer konstruiert aus seiner Vergangenheit und einer irgendwie idealisierten Zukunft. Schon zu DDR-Zeiten war die leuchtende sozialistische Zukunft der Horizont, auf den es nach Jahren der nationalsozialistischen Dunkelheit in unaufhaltbarem Fortschritt zuging. Wirklichkeit geworden ist diese Hoffnung in den Neubauvierteln wie in Hoyerswerda, die Zehntausende Menschen beherbergten, die in die Lausitz geholt worden waren, um in der Industrie und im Kohlebergbau zu arbeiten. In ihrem Buch *Kinder von Hoy* zeigt Grit Lemke eindrücklich, wie die Lebenswege vor und nach 1989 zwischen Erwartung und Wirklichkeit gezwängt wurden. Dass dabei mehr als einhundert Dörfer devastiert und eine jahrhundertealte ländliche Struktur fast zerstört wurden, nahm man als Preis für den Fortschritt in Kauf.

Nach der Friedlichen Revolution und der deutschen Wiedervereinigung wartete die Lausitz dann zu lange auf den anderen Fortschritt, den der Kapitalismus versprochen hatte, und erlebte einen wirtschaftlichen und demografischen Niedergang ungekannten Ausmaßes. Mindestens zwei Mal schon wurden viele Menschen in der Lausitz in nur einem Leben schwer enttäuscht, sei es normativ oder materiell. Oder beides.

Vor diesem Hintergrund hat jedes neue Zukunftsversprechen das Potenzial, reflexartige Abwehr zu erzeugen. Deshalb sucht dieses Buch in den Worten der Autorinnen und Autoren sowie durch die Augen der Fotografinnen und Fotografen dezidiert nicht nach der großen Zukunftserzählung und bietet keine Bewertung an, welche Qualität ein Objekt hat. Es versammelt 99 Geschichten von Menschen, die kurz und knapp ein Objekt als greifbaren Bezugspunkt ihrer jeweiligen Zukunft beschreiben. Dabei ist es unerheblich, in welcher Reihenfolge die Beiträge gelesen werden. Sie sind nicht nach Form, Farbe, Gehalt oder Prominenz der Verfasserin oder des Verfassers geordnet, sondern nach dem Alphabet. Manches finden Sie, liebe Leserin, lieber Leser, möglicherweise trivial, anderes kitschig oder gar verrückt. Alle Beiträge sind vor allem nah an den Menschen, die sie geschrieben haben. Text, Bild und Rolle der Autorin, des Autors ergeben einen Dreiklang, aus dem Sie Ihre Schlüsse ziehen können. Vielleicht erfahren Sie Facetten der Lausitz, die mit Ihren Erwartungen und Erfahrungen nicht übereinstimmen. Oder Sie machen sich mit dem Buch in der Hand auf den Weg, um Orte und Objekte aufzusuchen, und konstruieren dabei ein eigenes und aktuelles Bild der Lausitz. Vermutlich treffen Sie auf Personen, die ebenfalls eigene Lausitzer Geschichten beitragen können.

Zahlreiche Beiträge haben unmittelbaren Bezug zu wissenschaftlicher Arbeit oder sind von Forschenden verfasst worden. Das ist sicher kein Zufall, denn wir arbeiten an der größten wissenschaftlichen Einrichtung der Lausitz, der Brandenburgischen Technischen Universität Cottbus-Senftenberg (BTU), und erreichen diese Menschen etwas leichter als andere. Ein roter Faden durch das Buch ist die Beschäftigung mit grundlegenden Fragen und Antworten, die für die Zukunft relevant sind. Es mag überraschen, aber der nahende Kohleausstieg hat eine starke Dynamik in der Lausitzer Wissenschaft erzeugt. Es drängen die großen Herausforderungen im Energiesystem, der klimaneutralen Mobilität, des sozialen Zusammenhalts und viele mehr, deren Beantwortung vor Ort und international von Bedeutung ist. Durch den Kohleausstieg werden Ansiedlungen neuer Forschungseinrichtungen und große kooperative Forschungsprojekte möglich. Die BTU ist ein Knotenpunkt eines Netzwerks vieler Forschungseinrichtungen geworden, für die es von fundamentaler Bedeutung ist, lebendige und internationale Orte in einem offenen Umfeld zu sein. Studierende aus der ganzen Welt kommen in die Lausitz und könnten bleiben, wenn sie als Fachleute und Menschen Anschluss finden.

Es finden sich außerdem einige Beiträge mit sorbischen/wendischen Bezügen. Jahrzehntelang wurden diese folklorisiert und als unmodern marginalisiert, bestenfalls als feiertagsbezogene Tourismusattraktion kommuniziert. Durch Kunst, gesprochene Sprachen und gelebtes Miteinander bleiben sorbische/wendische Bezüge nicht nur erhalten, sondern entwickeln sich weiter. Hier und da entsteht sogar ganz Neues mit zugleich unverkennbar sorbischer Prägung.

Das vorliegende Buch ist also ein Gemeinschaftswerk, an dem mehr als 140 Personen beteiligt sind. Dazu gehören die Autorinnen und Autoren, die Mitglieder der Jury, die Fotografinnen und Fotografen sowie zahlreiche Personen des Fördervereins und an der BTU selbst. Dem Förderverein der BTU kommt für dieses Buch eine besondere Funktion zu: Er trägt das Vorhaben juristisch und finanziell.

Im Dezember 2023 starteten wir den Aufruf, Objekte für das Buchprojekt vorzuschlagen. Wir schrieben alle uns bekannten Menschen in der Lausitz an, fanden Erwähnungen in der *Sächsischen Zeitung* sowie der *Lausitzer Rundschau* und legten Postkarten aus. Unser Ziel war es, möglichst weit über die uns bekannten Kreise hinauszugehen. Die 130 Einreichungen innerhalb weniger Wochen waren ausreichend Beleg dafür, dass ein Buch mit diesem Ansatz möglich ist. Es folgten

Hunderte E-Mails, Telefonate und Gespräche, zwei Jurysitzungen und schließlich die Erstellung des ersten Skripts, das im Sommer 2024 zum Verlag ging. Noch vor der Veröffentlichung haben sich viele Autorinnen und Autoren erstmals getroffen und durchaus erstaunt ihre gemeinsame Zugehörigkeit zum Hier und Jetzt in der Lausitz festgestellt.

Den Fotografien kommt eine wichtige Funktion zu: Sie stehen nicht nur illustrativ neben den Texten, sondern halten das Kaleidoskop der Beiträge zusammen. Nichts weniger als eine glückliche Fügung war ein Anruf von Valentina Troendle, die vorschlug, Studierende und Absolventen der Ostkreuzschule für Fotografie zu beauftragen. Auch hier bestätigte sich die Hoffnung: Menschen bringen ihre persönliche Perspektive mit, nähern sich an und wägen ab, was relevant ist und was nicht. Mit einem interessierten, empathischen und nicht gleich bewertenden Blick werden auch Bahnwesten, Kescher und Klärwerke zu spannenden Objekten, mit denen Lausitzer Zukunft gemacht und gestaltet wird.

Welche Stimmung dieses Buch bei Ihnen als Leserin oder Leser erzeugt, können wir nicht kontrollieren. Wir hofften auf Resonanz und darauf, mit dem Wunsch nach einer vielfältigen Lausitzerzählung nicht allein zu sein. Mit jedem Beitrag und jedem Gespräch sind wir zuversichtlicher geworden, dass nicht nur ein Buch entstehen würde, sondern die Menschen selbst wissen, wie vielfältig ihre Zukunft ist und dass sie daran einen großen Anteil haben. Mit Thea Dorn gesprochen: Zuversicht ist ein Muskel, den man kontinuierlich trainieren muss, damit er da ist, wenn man ihn dringend braucht.

14

Fabian Ahrendts | Wärme pumpen ganz groß

Wärme ist die halbe Energiewende. Wenn wir die Wärmeversorgung in Deutschland auf Erneuerbare Energien umstellen, müssen wir viel Wärme effizient aus erneuerbarem Strom gewinnen. Mit der Wärmepumpe haben wir die passende Technologie schon zur Hand. Sie kann nicht nur Einfamilienhäuser, sondern als Großwärmepumpe über Fernwärmenetze ganze Stadtteile versorgen. Dazu möchten wir an der Fraunhofer-Einrichtung für Energieinfrastrukturen und Geothermie IEG mit dem »Forschungs- und Erprobungsprüfstand« beitragen.

Mich fasziniert der Gedanke, dass eine bewährte Technologie wie die Wärmepumpe die Lösung für aktuelle Herausforderungen bereithält. Jeder Kühlschrank nutzt das gleiche Arbeitsprinzip, um Energie von kalt nach warm zu verschieben. Und das recht effizient: Es braucht nur eine Energieeinheit Strom, um mehrere Energieeinheiten Wärme bereitzustellen. Was im Kleinen zuverlässig funktioniert, möchten wir fit machen für den Einsatz im Großen, etwa in Fabriken und Betrieben, die Wärme bis 200 Grad Celsius für ihre Produktionsprozesse benötigen, aber auch für die Stadtwerke und ihre Wärmenetze. Konkret planen die Stadtwerke Cottbus für die nächste Generation der Wärmeversorgung, Großwärmepumpen statt Kohlekraftwerke als Wärmequelle zu nutzen. Und wir sind von der ersten Skizze an dabei.

Doch Großwärmepumpen sind häufig noch Einzelstücke, wir wollen sie zu Serienprodukten entwickeln. Unser Prüfstand hilft, Wärmepumpen günstiger und effizienter zu machen. Unsere Messungen unterstützen Projektierer, Entwickler und Hersteller, bessere Produkte für sich und einen globalen Markt zu schaffen, und ermöglichen regionale Wertschöpfung im Strukturwandel. Es war eine spannende Aufgabe, den großen Prüfstand mit Sensoren und Aktuatoren, mit Ver- und Entsorgungsleitungen zu planen und mit meinem Team zu bauen: In nur einem Jahr wurde aus der Idee eine funktionierende Anlage. Bis zur Einweihung im Jahr 2023 hat uns das viel Kraft gekostet. Umso mehr freuen wir uns, einen Beitrag dazu zu leisten, dass wir alle in Zukunft nachhaltig, zuverlässig und effizient mit Energie versorgt werden.

Fabian Ahrendts leitet an der Fraunhofer-Einrichtung für Energieinfrastrukturen und Geothermie IEG die Forschung zu thermischen Energieanlagen und Großwärmepumpen.

Marcello Ambrosio | **Adaptive Rotorblätter für Windkraft**

Im Rahmen eines Kooperationsprojektes zwischen der Brandenburgischen Technischen Universität, Lehrstuhl für Polymerbasierten Leichtbau, und der EAB Gebäudetechnik Luckau GmbH wurde ein neuartiges und adaptives Faserverbund-Rotorblatt für Kleinwind-Energieanlagen (KWEA) entwickelt.

Das Rotorblatt (Länge 1,5 m) ist durch ein angepasstes aerodynamisches Profil und das verringerte Gewicht speziell auf Schwachwindregionen ausgelegt, sodass die Rotation der Kleinwindkraftanlage bereits bei 2,5 m/s Windgeschwindigkeit beginnt (herkömmliche Anlagen brauchen ca. 5m/s). Durch einen speziellen Aufbau und die Ausnutzung anisotroper Koppeleffekte passt sich das Rotorblatt, indem es sich elastisch verdrillt, den Windgeschwindigkeiten an und muss nicht aktiv gebremst werden. Auf komplizierte Steuertechnik und aufwendige Mechanik kann verzichtet werden. Das Leichtbaudesign und die adaptive Anpassung der Anströmung tragen zur Erhöhung der Leistungsausbeute bei.

Insgesamt konnte das Gewicht des Rotorblattes um circa 35 Prozent verringert und die angeströmte Rotorfläche um circa 40 Prozent erhöht werden. In Windkanalversuchen wurde ein Wirkungsgrad von überdurchschnittlichen 56 Prozent erreicht. Neben dem Rotorblatt selbst wurden innovative und hocheffiziente Fertigungsverfahren für die Herstellung der Rotorblattstrukturen entwickelt. Faserverbundwerkstoffe werden oftmals manuell verarbeitet, was zeit- und kostenintensiv ist. Mit Hilfe von automatisierten Verfahren können die Rotorblattstrukturen reproduzierbar und in großen Stückzahlen effizienter hergestellt werden. Die neuartige KWEA bildet in Kombination mit Photovoltaik eine ideale Grundlage für die dezentrale Energieversorgung im Off-Grid-Sektor.

Derartige Konzepte werden durch das vom Bundesministerium für Bildung und Forschung geförderte Verbundprojekt »SpreeTec neXt – Neue Fertigungstechnologien für Komponenten und Systeme der dezentralen Energietechnik« weiterverfolgt.

Marcello Ambrosio hat Maschinenbau mit der Vertiefung Leichtbau an der Brandenburgischen Technischen Universität Cottbus-Senftenberg studiert und betreut die Forschungsaktivitäten rund um das Rotorblatt.

Claudia Arndt | Am Anfang war das Wort

Als ich diesen Bleistifthalter, ein Relikt der Niederlausitzer Kohlehandelsgesellschaft, geschenkt bekam, war mir nicht bewusst, welchen Einfluss der Schenkende auf meine vielfältige Auseinandersetzung mit meiner Heimat und ihren Wahrnehmungen haben würde. Ich habe das Glück, privat und beruflich tief in die Facetten meiner Region eintauchen zu dürfen. Als akademische Mitarbeiterin erforsche ich den kulturellen Wandel der Region. Ich werde fürs Fragenstellen bezahlt. Das Schreiben selbst wird zur katalysierenden Kraft für innere und gesellschaftliche Transformationen, die nicht nur ich erlebe, sondern die ich schreibend auch für andere greifbar mache.

Die Messinghülle wurde traditionell im Handwerk verwendet und diente als Schutz für das Werkzeug – den Bleistift: um die Mine oder Graphitspitze vor dem Brechen sowie die Kleidung des Handwerkers vor Verschmutzungen zu bewahren. Heutzutage sind Bleistiftschoner selten zu finden, da Materialien und Technologien des Schreibens andere geworden sind.

Wenn ich meine Gedanken sammeln oder neue Ideen zu einem Projekt entwickeln will, dann greife ich zu diesem alten Werkzeug und lasse die Tastatur beiseite. Zuerst entsteht das Manuskript. Mit Stift im Halter erdachte ich ein Kulturprojekt, das nun Schritt für Schritt Wirklichkeit wird. Anlass gab die Zeile »Und meine Sache ist, wie ich sie fange« aus dem Lied »Die Zukunft« von Gerhard Gundermann. Es geht um die Vorstellung, dass Zukunft sowohl Bedrohungen als auch Möglichkeiten bereithält und dass es von einem selbst abhängt, wie man ihr entgegentritt. Das Kulturprogramm vermittelt die verschiedenen Perspektiven auf die Region mit ihrer Vergangenheit, dem Jetzt und auch möglichen Utopien. Mir ist der Wandel der regionalen Identität mit den Mitteln der Kultur wichtig. Ideen einer Zukunft – aufgeschrieben mit einem alten Bleistifthalter.

Claudia Arndt ist Forscherin und Lehrende an der Brandenburgischen Technischen Universität Cottbus-Senftenberg im Fachgebiet Soziale Dienstleistungen in strukturschwachen Regionen und pendelt in der Transformationsregion zwischen dem Seenland der Niederlausitz und Cottbus.

20

Karen Ascher | Sorbische Liebe

Die Stiftung für das Sorbische Volk rief im Jahr 2021 dazu auf, Ideen zur Verbreitung der sorbischen Sprache einzureichen, die im Jahr 2022 umgesetzt werden sollten. Meine Idee war, Kondome mit sorbischem Motiv und/oder Slogan auszustatten. Hintergrund dieser Idee war die Erschließung neuer Zielgruppen, welche ich vor allem unter Jugendlichen, Azubis und Studentinnen und Studenten sah, die bisher in der Schule oder wegen des Zuzugs aus anderen Bundesländern keine Berührung mit dem Sorbischen hatten.

Kondome sind Kommunikationsmittel, die in Clubs und Diskotheken sowie an Unis und Schulen ausgelegt und verteilt werden können. Das Kondom steht für eine sehr positiv belegte zwischenmenschliche Kommunikation und ist für mich somit ideal als Mittler. Als Motiv wählte ich den Schlangenkönig – eine Figur aus der Mythologie der Spreewaldregion und herrlich zweideutig in diesem Zusammenhang. Als Zusatz und Sprachelement setzte ich das Sorbische »Ich liebe Dich« dazu. In der zweiten Auflage ergänzte ich ein weiteres Motiv: die bekannte Gurke – ebenfalls ein Spreewaldsymbol, ebenfalls zweideutig. Meine Kreation löste bei der Verwaltung des Landkreises Dahme-Spreewald helle Freude aus. Der Druck wurde finanziell gefördert, und die Kondome werden im Wirkungsbereich der Beauftragten für sorbische/wendische Angelegenheiten erfolgreich als Botschafter eingesetzt. Sie sorgen stets für gute Laune und lockern jede Runde auf. Die Motive habe ich im Rahmen der Umsetzung meines sorbisch-deutschen Memoryspiels entwickelt und illustriert. Somit ergibt sich als Bonus eine Wiedererkennungsmöglichkeit. 2023 waren meine Kondome für den Designpreis Brandenburg nominiert.

Der Erhalt der sorbischen Sprache bewegt mich. Es gibt immer Unübersetzbares. Mein Ansatz bei der Entwicklung von Produkten zur Beschäftigung mit dem Sorbischen ist immer die Alltagsfähigkeit, die Anregung des Spieltriebs. Es gibt aus meiner Feder also Malhefte, Spiele, zweisprachige Comics und Märchenhefte sowie passende Merchandisingprodukte.

Karen Ascher ist freischaffende Künstlerin im Bereich Illustration, Skulptur, Malerei und Grafik. Sie übersiedelte Ende der Nullerjahre aus dem plattdeutschen in den sorbischen Sprachraum.

Jens Balko | Alles aus Zucker

Zurück in der Lausitz. Erster Arbeitstag in der angewandten, praxisorientierten Forschung. Alles neu. Vor allem die Maschinentechnik zur Verarbeitung von thermoplastischen Kunststoffen, jener Materialien, die in schier unfassbaren Mengen auf dem gesamten Globus hergestellt und verarbeitet werden. Später, bei Rundgängen auf Kunststoffmessen wirken selbst unsere Maschinen hier in Schwarzheide in Technikumsgröße winzig, wie Spielzeuge, im Vergleich zu den industriellen Anlagen.

Alles neu auch mit dem frischen und wendigen Team. Junge Techniker, Ingenieure und Wissenschaftler. Und bald darauf kam ein weitblickender Hinweis meines damaligen Chefs, sich doch mit einem selbst Experten noch recht unbekannten Biokunststoff zu beschäftigen. Und dafür Ideen zu entwickeln, Projekte anzukurbeln und Kooperationen zu suchen.

Das liegt nun acht Jahre zurück. Seitdem werden Biokunststoffe aus nachwachsenden Rohstoffen in der Lausitz entwickelt. Sie sollen Massenkunststoffe ergänzen und zum Teil heute schon ersetzen. Polybutylensuccinat, kurz PBS, ist besonders vielversprechend, weil es ähnliche mechanische, optische und haptische Eigenschaften wie fossilbasiertes Polyethylen aufweist. Verarbeitet werden dafür Granulate, die wir heute aus PBS herstellen. Das Potenzial der nachhaltigen Produkte ist gewaltig: Technische Teile, Alltagsgegenstände, Verpackungsmittel, selbst Baustoffe sind in Sicht.

Die chemischen Grundbausteine für die Synthese von PBS können aus nachwachsenden Rohstoffen hergestellt werden, die aus Cellulose-haltigen Reststoffen aus der Land- und Forstwirtschaft stammen. Die Cellulose wird in chemischen Verfahren aufgespalten, die dabei entstehenden Zucker sind Ausgangspunkt für die weiteren Prozessschritte. Unsere Vision: 100 Prozent biobasiertes PBS. Auch mit erneuerbaren Rohstoffen aus der Lausitz, aus Ostdeutschland und Polen. So finden sich hoffentlich in naher Zukunft einige vertraute Baumarten – für uns nicht bemerkbar – in Kunststoffen wieder.

Jens Balko, sächsisch-brandenburgischer Lausitzer, verheiratet, vier Kinder, leitet als Materialwissenschaftler das Verarbeitungstechnikum am Fraunhofer-Institut für Angewandte Polymerforschung IAP in Schwarzheide.

Heike Bartholomäus | **Kooperation kann man lernen**

Ein wenig stolz lief ich über den Campus und hing meinen Gedanken nach. Ein Meilenstein war erreicht: Nach einem Jahr sind die Absolvent:innen des ersten Durchganges unseres Zertifikatsstudiums Transferscout:in bereit, ihre erworbenen Fähigkeiten in die Praxis umzusetzen. Sie werden dringend gebraucht. Manche Menschen tragen Fähigkeiten in sich, um zwischen Wissenschaft und Praxis zu vermitteln. Doch welche Potenziale können sie entfalten, wenn sie ihre Kenntnisse und Techniken erweitern, ihre Fähigkeiten bewusst einsetzen und als wandelnde Schnittstellen den Wissens- und Technologietransfer in der Region vorantreiben?

Wir, das Team vom Zentrum für wissenschaftliche Weiterbildung an der Brandenburgischen Technischen Universität, durften die Reise des Transferzertifikats begleiten. Sie begann, als wir um Unterstützung gebeten wurden, die Vision einer Qualifizierung, die eine Angebotslücke schließt, umzusetzen. Wir fanden Verbündete und schufen die erforderlichen Rahmenbedingungen. Jede Etappe war geprägt von intensiven Begegnungen und spannenden Erkenntnissen.

Eine dieser Begegnungen war Lena, eine Wissenschaftlerin aus der Lausitz mit Leidenschaft für Innovation und Technologie. Für sie war das Zertifikatsstudium mit erneutem Abstecher in den Hörsaal maßgeschneidert. Die Flexibilität und die neuen Perspektiven faszinierten sie. Lena lernte eine Menge: von der Umsetzung von Forschungsergebnissen in marktfähige Produkte bis hin zur Steuerung von Innovationsprozessen. Nach ihrem Abschluss wurde sie Transferscoutin in einem regionalen Technologieunternehmen.

Die Reise geht weiter. Mir kribbelt es in den Fingern und ich bin aufgeregt. Andere Hochschulen und Unternehmen zeigen Interesse an diesem Thema – als Zertifikatsstudium oder als Kompaktformat. Ich bin froh, dass der Kontakt zu Lena nie abgerissen ist. Inspiriert von ihren eigenen Erfolgen bringt sich Lena mit ganzer Kraft und neuen Ideen in die Planung des neuen Durchgangs ein. Mit ihrer Expertise und ihrem Gestaltungswillen wäre sie die ideale Dozentin.

Heike Bartholomäus ist administrative Leiterin des Zentrums
für wissenschaftliche Weiterbildung (ZWW) an der Brandenburgischen
Technischen Universität Cottbus-Senftenberg.

Ellen Beuster | Wenn Steine sprechen

Die weitverbreiteten Findlinge in der Lausitz sind nicht einfach nur Steine. Sie sind Zeitzeugen mit einer weiten Reise. Größe, Form, Farbvariation und Beschaffenheit geben Hinweise zum Reiseverlauf und welch unterschiedliche Landschaften sie gequert haben. Während der Elster-Eiszeit vor etwa 340 000 Jahren schoben die Gletscher abertausende Findlinge mit sich und vor sich her – und das aus Skandinavien.

Im Wechsel der Kalt- und Warmzeiten waren sie jahrtausendelang verborgen. Zwischen 1850 und 1990 beförderte die Bergbauindustrie unzählige Exemplare dieser stummen Zeugen zutage. Der Industrie waren sie nur bedingt nützlich, denn der Abbau von Sand, Kies, Ton und vor allem Braunkohle stand im Vordergrund. In der Landwirtschaft sind sie als Lese- beziehungsweise Grenzsteine nur an den Rändern der Felder und Äcker zu finden. Einzig einige Amphibien- und Insektenarten schätzen die Haufen als Wohn- und Rückzugsstätten.

Findlinge als Symbole für Grenzen sind im UNESCO Global Geopark Muskauer Faltenbogen/Łuk Mużakowa nicht zu finden. Diese ausgezeichnete Erbestätte ist eine Hochburg der Riesensteine in der Lausitz. Das Gebiet verbindet über die Grenzen des Landes Brandenburg, des Freistaates Sachsen und der Woiwodschaft Lubuskie hinweg unterschiedlichste Kulturregionen. Auch den Findlingen als physischen Vertretern der Region ist es zu verdanken, dass die Beziehungen zwischen den Nationen durch ein weiteres gemeinsames Erbe aufrechterhalten bleiben.

Der wohl bekannteste Findling im Muskauer Faltenbogen ist der Teufelsstein bei Trzebiel in Polen. Zum einen ist er mit einer Gesamtmasse von etwa 101 Tonnen der größte seiner Art, zum anderen prägen ihn einzigartige Einkerbungen. Eine von Menschenhand geschaffene Sonne machte ihn in früheren Zeiten zu einem bedeutenden kultischen Ort, und auch heute noch pilgern Menschen verschiedener Nationen zum Teufelsstein.

Es ist doch erstaunlich, dass diese einfachen Felsrelikte ein Vorbild für Verbundenheit darstellen, das auch künftig von großer Relevanz ist.

Ellen Beuster arbeitet im Projekt »Erbe der Lausitz« (UNESCO 5)
und schätzt die vielseitigen Landschaften der Lausitz.

WIRTSCHAFTS REGION LAUSITZ

Projektsteckbrief - Investiv

Hinweise
- Bitte alle Felder ausfüllen
- Bitte per E-Mail einreichen: lausitz@wirtschaftsregion-lausitz.de

		Version: 03/22
1.	**Projekttitel**	Von der WRL auszufüllen
2.	**Projektinitiator(en)** *Name der Institution(en)*	
3.	**Ansprechpartner:in** *Vor- und Nachname, Adresse, Telefon, E-Mail*	
4.	**Datum der Fassung**	
5.	**Wurde vor Einreichung des Projektsteckbriefes die Projektidee in einer WRL-Sprechstunde vorgestellt?** ☐ Ja ☐ Nein	

Projektziel und Projektbeschreibung
Bitte stichpunktartige Beschreibung
(weiterführende Informationen können als Anlage beigefügt werden)

Nico Bittner | Ein Steckbrief für den Wandel

Die Zukunft beginnt auf diesem Papier. Im Projektsteckbrief werden grundlegende Inhalte einer Projektidee skizziert, die etwas Neues in die Lausitz bringen kann. Gebietskörperschaften wie die Stadt Cottbus/Chóśebuz sowie weitere öffentliche und private Träger sind antragsberechtigt. In einem mehrstufigen Verfahren werden die eingereichten Ideen in Gremien geprüft, bis letztlich über ihre Förderwürdigkeit entschieden wird. Dieses Formular markiert den Auftakt von Förderprojekten, einem der wichtigsten Instrumente zur Gestaltung des Strukturwandels.

Nur mit dem Einsatz erheblicher finanzieller Mittel entsteht eine neue Dynamik. Ohne Fördermittel für die Strukturentwicklung im Lausitzer Braunkohlerevier wären viele Projekte nicht umsetzbar. Dafür stellen Land und Bund ein beträchtliches Budget zur Verfügung. Für den brandenburgischen Teil der Lausitz sind es mehr als zehn Milliarden Euro. Die Stadt Cottbus/Chóśebuz setzt derzeit zahlreiche Projekte um. Weitere sind in Planung. Insgesamt sollen circa vier Milliarden Euro bis zum Jahr 2038 investiert werden.

Als gebürtiger Cottbuser, langjähriger Wochenendpendler und Mitarbeiter der Verwaltung freut es mich zu sehen, wie sehr sich Cottbus wandelt. Jeder Euro, der heute eingesetzt wird, könnte zukünftig ein Vielfaches an Wert besitzen. Die Chancen für Cottbus gerade jetzt sind groß. Dazu müssen Verwaltung, Wirtschaft und Gesellschaft stetig interagieren und permanent besser werden. Auch ich leiste hierzu meinen Beitrag, sowohl privat als auch in meiner Funktion in der Verwaltung. Damit die aktuellen und zukünftigen Generationen in Cottbus und Umgebung an einem lebenswerten Ort aufwachsen können.

So unscheinbar und »bürokratisch« dieses Papier erscheint, stellt es doch die Grundlage für zukunftsweisende Förderprojekte dar, aus denen Großes entstehen wird!

Nico Bittner ist Verwaltungsenthusiast und Projektmanager.

Christiane Bramer | **Belebte Wüste**

Oft beschleicht mich ein seltsames Gefühl, wenn ich am Rande der »Lieberoser Wüste« stehe: In weiter Ferne dampft Jänschwalde, und einst machten hier Tausende Panzer der Natur den Garaus. Wie erkläre ich beim Anblick dieser kargen Landschaft, dass hier in Zukunft wieder ein Wald stehen wird? Seit Jahren ist die Lieberoser Heide ein sich völlig selbst überlassener, geschützter Raum – die größte Offenlandfläche Deutschlands, in der Natur einfach Natur sein kann. Aber die Bedingungen sind hart: karge, sandige Böden, die sich auf bis zu 60 Grad Celcius im Sommer aufheizen, so gut wie kein Wasser. Hier kann nur leben, was sich anpasst und hoch spezialisiert ist. Solche Lebensräume weisen ein enormes und oftmals einzigartiges Artenspektrum auf. Ich finde hier sehr seltene Arten, die in vielen Teilen Deutschlands verschwunden sind. Hier kann ich sie sehen – mal mit dem Feldstecher, mal mit der Lupe.

In Lieberose werden in den nächsten Jahren ein Naturerlebniszentrum und ein »Pfad in die Wüste« entstehen. Es ist und bleibt eine spannende Aufgabe, Menschen für unsere Landschaft zu begeistern, ihnen überhaupt zu erklären, was diese einmalige, großräumige und unzerschnittene Naturfläche sowie die Schutz- und Wildnisgebiete der Lieberoser Heide leisten können, um unsere Biodiversität zu sichern. Und was diese Wälder, in denen nicht gejagt wird und Bäume alt werden können, weil keine Holzwirtschaft betrieben wird, zur Abfederung der Auswirkungen des Klimawandels beitragen können.

Daran denke ich, wenn ich am Rande der »Lieberoser Wüste« stehe und in der Ferne die Kühltürme von Jänschwalde sehe. Wir beginnen nicht nur in unseren Wäldern die Strategien der Natur umzusetzen, sondern auch bei der Energiegewinnung. Wir gehen weg von limitierten Quellen wie Kohle hin zu Quellen wie Sonne und Wind, die den Rhythmus der Natur bestimmen.

Christiane Bramer, gebürtige Straupitzerin und promovierte Biologin, kehrte als Managerin für Natur und Umwelt der Naturwelt Lieberoser Heide GmbH in die Heimat zurück.

Nils Bräunig | Bauen mit System

Der Plattenbau, Markenzeichen des Wohnungsbaus in der DDR, ist ein prominentes Beispiel für den Systembau. Im Zentrum Bauen und Wohnen der Lautech GmbH in Hoyerswerda, wo seinerzeit das größte Betonplattenwerk Europas die Platten für den Wohnungsbau der DDR herstellte, wird der Systembau reaktiviert und weitergedacht. Dabei werden seine herausragenden Eigenschaften mit neuen Ansätzen, den Möglichkeiten moderner Technologie und dem Wissen der Bauforschung kombiniert. Der Anwendungsbereich ist vielfältig, ebenso wie das Aussehen der einzelnen Gebäude – vom Einfamilien- bis zum Mehrfamilienhaus, von Sozial- bis zu Infrastrukturbauten.

Im Lausitzer Seenland, dem bekanntesten Erbe der Kohleförderung im Lausitzer Revier, ergibt sich ein regionales Anwendungsfeld für den weitergedachten Systembau. Mit der kontinuierlichen Flutung der Tagebaurestlöcher wächst das Lausitzer Seenland als große künstliche zusammenhängende Seenlandschaft als Anlaufpunkt für Aktivtouristen. Hierfür kann zum Beispiel ein multifunktionales Gebäude für die touristische Nutzung auf Basis des Systembaus konzipiert werden, welches das Potenzial besitzt, nachhaltig an vielen Stellen installiert zu werden. Dadurch wird neben der Schaffung der Infrastruktur allen voran auch ein Wiedererkennungswert durch die optische Ähnlichkeit der Gebäude erreicht.

Technisch betrachtet, handelt es sich beim Systembau um einen Baukasten aus Dach-, Wand- und Stützelementen, die in unterschiedlichen Dimensionierungen und Materialien zur Verfügung stehen. Im Materialbereich liegt der Fokus auf der Verwendung von biogenen und recycelten Baustoffen. Hier sind vor allem Holz, Hanf, Stroh und CO_2-neutrale Geopolymerbetone aus Recycling- beziehungsweise Deponiematerialien zu nennen. Durch die Verwendung der neuartigen Baustoffe wird ein erheblicher Beitrag zu einem nachhaltigen und umweltfreundlichen Baustil geleistet.

Nils Bräunig ist Projektingenieur im Zentrum Bauen und Wohnen der Lautech – Lausitzer Technologiezentrum GmbH in Hoyerswerda. www.lautech.de

Micha Brendel | Von den Heimlichkeiten der Natur

Mitunter verschenkt die Natur mit großer Geste ihre Schätze, oder zumindest das, was die Menschen für schätzenswert halten.

Als ich vor einigen Jahren die wenig bewohnte Landschaft der Lausitz zu Fuß durchschritt und mein Blick sich immer wieder bis zum Horizont weitete, um die allmächtige Einsamkeit zu fassen, wusste ich nur zu gut, dass ich in einer gewissen Analogie zum sichtbar leeren Himmel über ausgeschürften Boden wanderte. Die schroffen aufgeworfenen Hänge abseits des schmalen Pfades zeugten vom Tun des Menschen, die dem Erdreich geschlagenen Wunden zu füllen und unsichtbar werden zu lassen. Die Natur schien diesem Bemühen gnädig zuzustimmen, indem sie hin und wieder Pflanzen der kargen Art zum Wachsen ermunterte.

Als ich mich zum Rasten auf dem erwärmten Boden niederließ und meine Augen aufforderte, sich nun der Nähe zuzuwenden, wurde meine Aufmerksamkeit plötzlich durch ein merkwürdiges Glitzern inmitten einer Steingruppe geweckt. Ich trat näher und bemerkte, dass mich zwischen den stumpfen, matten Findlingen eine Art Kristall anfunkelte oder zumindest um eine nähere Betrachtung bat. Als würde ein Eisberg zunächst mit seiner Spitze locken, bemerkte ich, dass da im Sande Größeres verborgen lag. Also grub ich mit beiden Händen in der staubigen märkischen Erde und hielt nach einiger Zeit ein nie geschautes Gebilde in meinen Händen. Es glitzerte und gleißte durch seine spiegelnden Facetten und gab nur schemenhaft einen Blick in sein Inneres frei.

Doch dies geschah so verheißend, dass in mir der augenfällige Kontrast zur umgebenden Landschaft umso deutlicher aufstieg: Nach den gehobenen groben braunen und schier unendlichen Schätzen in der Tiefe des Bodens, die das menschliche Bedürfnis nach Feuer und Asche erfüllten, formte die Natur nun eine Art durchscheinendes und geistiges Etwas und drängte es – den ornithologischen Reigen – zur Oberfläche empor.

Micha Brendel lebt und arbeitet als Künstler seit 2009 in der Gemeinde Steinreich, Niederlausitz. Atelier wie auch das Objekt »Ornithologischer Reigen« (2001, Vogelmumifizierungen in Polyesterharz, 26 x 30 x 20 cm) sind zu besichtigen: Micha Brendel, Hohendorf Nr. 8, 15938 Steinreich, www.micha-brendel.de

Saskia Brosius | Ein Garten für drei

Das FAS ist keine Bar und kein Badefass, sondern die Parzelle eines Schrebergartens in Weißwasser. Franzi, Anna und Saskia (das bin ich) haben sich im November 2022 entschlossen, den Garten gemeinsam zu übernehmen. Allen Vorurteilen trotzend, dass aus dem Garten ein »Partygarten« werden würde, renovierten wir drei zunächst die Gartenlaube und bauten im Frühjahr 2023 zum ersten Mal Gemüse und Blumen an.

Mittlerweile liegt das zweite Jahr im FAS hinter uns – viel hat sich getan, vieles ist aber auch noch zu tun. Es geht eben nicht immer alles so schnell, wie man es sich wünscht. Nichtsdestotrotz ist unser Garten ein Ort des Wandels, der nie genauso aussieht wie beim letzten Mal, wenn man ankommt oder ihn verlässt. Betritt man den Garten, fallen sofort die Veränderungen auf, die die Natur im Laufe des Jahres mit sich bringt. Im Frühling ist die Freude groß über die heraussprießenden Blumen. Im Sommer überwiegt die Freude über die Früchte, die man ernten kann, gegenüber dem schnell nachwachsenden Unkraut, das gezupft werden muss. Im Herbst findet man heruntergefallene Blätter. Natürlich haben wir selbst auch die Chance, durch das eigene Wirken Dinge im Garten sichtbar zu verändern.

Zum Strukturwandel und zur Zukunft der Lausitz lassen sich hier viele Parallelen ziehen. Es geht auch nicht immer so schnell, wie gehofft, aber über die Zeit werden kontinuierlich Veränderungen sichtbar. Die Menschen in der Region haben die Möglichkeit, ihre Heimat selbstwirksam mitzugestalten und sich einzubringen. Wir drei – Franzi: UNU-FLORES, Institute for Integrated Management of Material Fluxes and of Resources Institut der Universität der Vereinten Nationen in Dresden, Anna: Handwerkskammer, und ich: Entwicklungsgesellschaft Niederschlesische Oberlausitz – ENO mbH in Görlitz – sind beruflich in den Strukturwandel involviert und nutzen den Garten neben dem Ausgleich natürlich auch, um mit Kolleg*innen und Freund*innen Ideen zu spinnen. Unser Garten symbolisiert einen Wandel, den künftig viele Schrebergärten, aber auch die Region durchlaufen müssen. Auf unserem Instagramkanal @das_gartenchaos könnt ihr sehen, was bisher alles geworden ist.

Saskia Brosius ist Imagineer und lebt in Weißkeißel in Sachsen.

38

Sabine Daul | **Gemeinwohlorientiert vereint**

Es ist zugegebenermaßen ein recht kleines, unscheinbares Objekt, das ein Stück Zukunft der Lausitz repräsentiert. Seine Symbolik ist jedoch größer. Es funktioniert ähnlich wie das Sternflottenabzeichen in der Kultserie *Enterprise.* Ich habe diese Nadel bekommen als eines von 30 Beiratsmitgliedern im Kommunalen Entwicklungsbeirat (KEB) Hoyerswerda, der die Umsetzung des »Grünen Saums« vorantrieb. Ziel war es, Rückbauflächen in der Alt- und der Neustadt zu einem zusammenhängenden ökologischen Erlebnis- und Naherholungsraum zu entwickeln.

Hinter dem großen Begriff Strukturwandel bleibt oft verdeckt, welche persönlichen Veränderungen sich in den Lebensrealitäten der Menschen ergeben. Diese Lebenswelten aktiv mitzugestalten und gemeinschaftlich Einfluss zu nehmen, darauf zielt das Beteiligungsformat KEB ab. Es sind Gremien, in denen sich Personen aus Politik, Verwaltung, organisierter Zivilgesellschaft, Wirtschaft und Einwohnerinnen und Einwohner zusammensetzen. Gemeinsam, parteiunabhängig, gleichberechtigt und divers werden so gemeinwohlorientierte Zukunftsstrategien entwickelt. Dieses kooperative Gestalten der Zukunft vor Ort spiegelt sich in den Farben der Anstecknadel wider. Jedes Beiratsmitglied erhält eine solche Nadel.

In der Lausitz fanden KEBs auch in Niesky, Weißwasser und Cottbus statt. Wirklich zukunftsorientiert werden sie aber erst, wenn sie sich nach den begleiteten Runden selbst weiterorganisieren – so wie in Hoyerswerda. Hier hat sich ein KUB entwickelt, ein Kommunaler Umsetzungsbeirat, der die erarbeiteten Maßnahmen weiterverfolgt und partizipativ umsetzt, mit eigens eingeworbenen Mitteln, viel Ehrenamt und der Legitimation des Stadtrates.

Die wertschätzende Atmosphäre in den Beratungen ist für mich besonders beeindruckend, vor allem in einer Zeit, in der Missverständnisse, Mangelkommunikation und gegenseitige Anfeindungen auf der Tagesordnung stehen. Mögen in Zukunft viele Lausitzerinnen und Lausitzer die KEB-Nadel an ihrer Kleidung oder zumindest in ihren Gedanken und ihrem Handeln tragen.

Sabine Daul war eines der 30 Beiratsmitglieder im Kommunalen Entwicklungsbeirat Hoyerswerda und kandidierte 2024 für den neuen Stadtrat in der Fraktion »Aktives Hoyerswerda«.

40

Alexander Dettke | Flüssige Poesie im Gläserturm

Die Wilde Möhre ist essbar und im Hochsommer am Wegesrand zu finden. Auf der Wilden Möhre kann aber auch gut tanzen, wer sich im Sommer, im August, zum gleichnamigen Festival nach Drebkau an den Gräbendorfer See begibt. Tausende, meist junge Leute kommen jährlich in die Lausitz, um hier ein langes Wochenende zu verbringen. Sie tauchen ein in die anregende, freie und immersive Welt aus Musik, Gemeinschaft, Kulinarik und Freiheit.

Bei der Wilden Möhre, einem Ort voller Kreativität und Lebensfreude, entdeckte ich ein faszinierendes Ritual. Ein Gläserturm, sorgfältig aufgestellt mitten in einem Garten, der die Vielfalt und Farbenpracht der Natur widerspiegelt. Der künstlerische Protagonist des Geschehens, gekleidet in Farben, die Geschichten erzählen, und bedeckt mit einem Hut, so blau wie der klare Sommerhimmel, vollführt eine Gießzeremonie. Er lässt die Flüssigkeiten bedächtig fließen, von Glas zu Glas, wie eine Hymne an die Achtsamkeit und das bewusste Erleben des Moments.

Dieser Akt ist mehr als Unterhaltung; er ist ein Spiegelbild der Philosophie, die wir in unserer Gemeinschaft leben. Eine Vision, in der wir lernen, unsere Ressourcen mit Bedacht zu nutzen, und bei der jeder Tropfen zählt. Es ist ein Versprechen für die Zukunft, in der Nachhaltigkeit nicht nur ein Wort, sondern gelebte Realität sein soll.

In diesem Geist kommen und gehen unsere Gäste jedes Jahr wieder. Auch die Coronapandemie hat der Festivalbegeisterung keinen Abbruch getan. Die Leute nehmen ein buntes Fragment aus der Lausitz mit nach Hause, das in ihren jeweiligen Kreisen weiterwirkt.

Alexander Dettke ist Social Entrepreneur, Mitbegründer der Wilden Möhre und hat Visionen für eine nachhaltige Zukunft.

Wolfgang Domeyer | Zweite Gleise für die Lausitz

Wer kann sich eine Autobahn mit nur einer Spur vorstellen, wo der Gegenverkehr erst warten muss, bis der vor ihm liegende Abschnitt wieder frei ist? Eben!

Aber genau so war ich in den letzten zwanzig Jahren mehrmals wöchentlich zwischen meinem Wohnort Großschönau und Cottbus, meinem Arbeitsort, mit dem Zug unterwegs. Es gab durchaus Hoffnung auf Verbesserung, weil der Ausbau der Strecke von Cottbus nach Görlitz immer wieder zugesagt wurde. Seit Jahren besteht sogar ein Staatsvertrag mit Polen über den Ausbau und die Elektrifizierung. Mit durchgehendem zweiten Gleis und Ertüchtigung auf 160 Stundenkilometer wären die Auswirkungen auf die Fahrzeit so günstig, dass ich ohne Zweitwohnsitz in Cottbus zurechtgekommen wäre.

Die Idee der Elektrifizierung ist nicht neu. Der elektrische Eisenbahnbetrieb von Wrocław (damals Breslau) nach Görlitz wurde 1928 eröffnet. Seit 1922 gab es Planungen, das elektrische Streckennetz von Görlitz nach Berlin und Dresden zu erweitern. Leider wurden sie nie umgesetzt, und noch dazu ging das ursprünglich vorhandene zweite Streckengleis – wie einige seiner Art –verloren. Dieser Umstand behindert für alle – die Wirtschaft, die Bevölkerung und die vielen Besucher – den Weg in eine nachhaltige Zukunft.

Der Ausbau von Berlin über Cottbus nach Görlitz, weiter nach Liberec in Tschechien und Dresden und von Cottbus nach Dresden, Leipzig, Guben, Forst ist zur Stärkung der Region unbedingt nötig. Der Flächenaufwand wäre vergleichsweise gering, weil die Flächen größtenteils schon in ähnlicher Nutzung sind oder waren. Der Regelgleismittenabstand wurde zwar von dreieinhalb auf vier Meter erweitert, doch dürfte das im überwiegend ländlichen Gebiet kein Problem sein.

Wenn wir es jetzt nicht schaffen, mit den Mitteln aus dem Strukturstärkungsgesetz die schon seit Jahrzehnten nötigen Investitionen in das Eisenbahnstreckennetz zu tätigen, wird es nie werden – und die Region ist verloren!

Wolfgang Domeyer beschäftigt sich seit Langem mit dem Thema Eisenbahn und Umweltschutz. Er ist bei Greenpeace Cottbus aktiv.

44

Daniel Ebert | Musik verbindet

Im Jahr 2016 bin ich nach Cottbus gezogen und habe hier meine Leidenschaft für das Schlagzeugspielen neu beleben können. Cottbus hat eine überraschend vielfältige und offene Musikszene mit Jam-Sessions im McPütt'n, Comicaze, Muggefug, der Galerie Fango und an der Brandenburgischen Technischen Universität Cottbus-Senftenberg. An der Uni wird nicht nur Instrumental- und Gesangspädagogik unterrichtet, viele Studierende und Beschäftigte machen nebenbei und gemeinsam Musik. Je mehr Leute sich anschließen, desto lebenswerter ist und wird die Stadt. Eine vitale Musikszene ist auch ein Zeichen für ein buntes Cottbus und ein attraktives Umfeld.

Die Herausforderung am gemeinschaftlichen Musizieren mit fremden Menschen ist die zwischenmenschliche Kommunikation und das offene Ohr. Das sind Kompetenzen, die auch unsere Gesellschaft stärken und die Menschen näher zusammenbringen. Für den musikalischen Zusammenhalt habe ich unter anderem das BTU-Proberaum-Festival gegründet, wo alle Bands aus den Proberäumen des Studentenwerks auftreten. Hier musizieren viele Studierende aus der ganzen Welt. Diese machen mehr als 40 Prozent unserer Studierendenschaft in Cottbus und Senftenberg aus. Über die Musik kommt man schnell zusammen, lernt von anderen und lebt ganz selbstverständlich eine weltoffene Gesellschaft. Musik macht nicht nur Spaß, sondern verbindet auch die Menschen.

Als Schlagzeuger weiß ich, dass Musik interessanter klingt, wenn sie dynamisch gespielt wird. Dynamik heißt, dass laute und leise sowie schnelle und langsame Passagen im Wechsel kommen. Daran sollte man sich auch im Strukturwandel erinnern. Es ist ein dynamischer Prozess, in dem alle Zeichen auf Volldampf stehen, aber manchmal braucht es eben auch die langsamen Passagen. Das gehört zur Dynamik dazu. Ich wünsche mir für die Zukunft noch mehr Leute bei den Jam-Sessions, denn Musik verbindet als eigene Sprache, steigert die Lebensqualität und bringt uns zusammen.

Daniel Ebert arbeitet an der Brandenburgischen Technischen Universität in Cottbus und spielt Schlagzeug bei den Space Rainbows.

Marten Eger | Die Trinkwasser-Kapitäne

Dass Kapitäne zur See fahren, weiß jedes Kind. Manche Kapitäne steuern Schiffe über Flüsse oder große Seen. Dass bei einem regionalen Wasserversorger aber gleich mehrere Köpfe von Kapitänsmützen gekrönt werden, dürfte bundesweit ein Novum sein. Und das ist nicht das einzige bei der LWG Lausitzer Wasser GmbH & Co. KG.

Die beiden neuesten Kapitänsmützen gehören Dirk Hagen und Johannes Boesler, die 2024 ihre Lizenz als Kapitäne erhielten und seitdem Schiffe durchs Lausitzer Seenland steuern. Sie versorgen Tagebauseen, die durch Ausschwemmungen aus dem Boden über sehr saures Wasser verfügen, in einem speziellen Verfahren mit Kalk. Dadurch wird das Seewasser zwar kein Trinkwasser, aber es erreicht die richtige Qualität für Flora und Fauna sowie für eine wirtschaftliche und touristische Nutzung. Dieses patentierte Verfahren hat die LWG in ein Tochterunternehmen gepackt – die BRAIN Brandenburg Innovation GmbH. Diese bietet wasserwirtschaftliche Dienstleistungen und innovative Lösungen für die Bereiche Bergbausanierung, Industrie und Kommunen an. Und genau hier haben die Kapitäne angeheuert, die ein LWG-eigenes und ein weiteres Schiff im Auftrag des Bergbausanierers LMBV über die Seen steuern.

Die LWG betreibt weitere Projekte, um den aktuellen und zukünftigen Herausforderungen in der Wasserversorgung zu begegnen. All das verlangt besondere Kompetenzen. Dafür betreibt die LWG seit Jahren ein Ausbildungszentrum für Berufe rund um die Wasserwirtschaft. In den letzten Jahren kam gleich neunmal Deutschlands jahrgangsbester Anlagenmechaniker-Azubi aus der LWG-Lehrwerkstatt. Die Werkstätten werden nun zum Wasserwirtschaftlichen Bildungszentrum Lausitz ausgebaut. Auf diese Weise sichert sich die Lausitz Fachkräfte für eine zukunftssichere Wasserversorgung – und vielleicht auch weitere Trinkwasser-Kapitäne.

Marten Eger, studierter Umwelt- und Verfahrenstechniker und Geschäftsführer der LWG Lausitzer Wasser GmbH & Co. KG, ist in vielen Unternehmen und Gremien engagiert und hat, korrespondierend zur Kapitänsmütze, ein eigenes Markenzeichen: seinen Hut. Die Kapitänsmützen von Dirk Hagen und Johannes Boesler hängen, wenn diese nicht gerade ihre Schiffe steuern, am Haken neben dem Führerstand des Schiffes »Barbara« im kleinen Hafen am Schlabendorfer See.

Vivien Eichhorn | Ein besonderes Urlaubserlebnis

Unscheinbar und reserviert – der erste Eindruck des Hauses. Geht man hinein, verbergen sich darin wunderbare Geschichten. Lauchhammer ist geprägt von der Braunkohle. Noch heute werden die Geschichten der Brikettfabrik (1898) und der Milly-Grube (1897) in Bockwitz von Fritz Friedländer aus Gleiwitz weitergetragen. Die im Jahr 1900 gegründete Braunkohlen- und Brikett-Industrie AG gehörte zu den Großen des Niederlausitzer Braunkohlebergbaus.

Zwei Türen weiter präsentiert sich ein Kachelofen mit Holzherd. Dieser symbolisiert Vergangenheit und Zukunft zugleich. Einst war es die modernste Art, traditionell zu kochen. Zur Befeuerung wird wie vor hundert Jahren Holz verwendet. Er strahlt in einem matten Weiß mit versilberten Streben und kombiniert Wärme und Kochen. Gerade in der Winterzeit werden wir den Ofen nutzen, um mit Feriengästen zu kochen.

Die damaligen Besitzer des Hauses, in dem der Kachelofen mit Holzherd steht, sind historisch von der Lausitzer Region geprägt. In den 1970er-Jahren war der Mann Ofensetzer und seine Frau im Bergbau tätig. Im Haus selbst sind vier Kachelöfen und zwei Holzöfen verbaut. Diese sind aktiv und technisch in Ordnung. Ab 1983 arbeiteten die damaligen Hausbesitzer im 3-Schicht-Betrieb in der Großkokerei Lauchhammer. Durch den Kauf des Hauses (2023) verbinden wir Vergangenheit mit der Zukunft. Entstehen werden zwei Ferienwohnungen. Zukünftig werden wir Feriengäste begrüßen und die Geschichte der Hausbesitzer und der Stadt Lauchhammer darstellen. Dazu werden im Haus Bilder, Texte und kurz Videos präsentiert. Nebenan kann man in unserem Familienunternehmen Gasthaus »Zur Erholung« gutbürgerlich speisen und feiern. Ein Beispiel für ein Leben nach dem Bergbau.

Vivien Eichhorn engagiert sich für die Entwicklung und für die überregionale Sichtbarkeit ihrer Heimatstadt Lauchhammer.
Ferienhaus ENESSA, Mückenberger Straße 11, 01979 Lauchhammer, Telefon 03574 3393, www.gasthaus-zurerholung.de

Adelheid Engst | Scheinwerfer an in Welzow

»Kunst wäscht den Staub des Alltags von der Seele.« Pablo Picasso

Ein wunderbarer Spielort, Freilichttheater. Der Innenhof eines u-förmigen Gebäudes, das ein bisschen verfallen ist und daher etwas vom Charme der italienischen Renaissance hat. Ein Torbogen im Mittelteil, schönes Licht aus Theaterscheinwerfern. In diesem Ambiente treten Künstler und Künstlerinnen verschiedener Disziplinen auf. Das Publikum wird eingefangen von Musik, Theater, Poesie, Akrobatik. Freude und Spannung, Geist und bodenständiger Humor. Es entsteht Gemeinsamkeit. Eine Erweiterung der Alltagswelten.

In den Pausen gibt es Erfrischungen. Parkplätze sind in Fülle vorhanden. Drum herum Wald – der Ortsteil von Welzow heißt »Sibirien«.

Wer sich freut, wird gesünder. Die Region, deren Landschaft voller Wunden ist – und die Seelen ihrer Bewohner vielleicht auch, und die Menschen finden nach den vielfältigen Verwerfungen der Vergangenheit zu lebendiger Zuversicht.

Das Sommerspektakel findet 2024 zum zweiten Mal und von da an jährlich in Welzow statt – und es wird von Jahr zu Jahr bekannter werden und mehr Menschen in die Lausitz ziehen.

Und langfristig ist es – wenn die Zukunft das möchte – erweiterbar durch mehr kulturelle Veranstaltungen wie (Lyrik-)Lesungen von Autorinnen und Autoren aus der Region, Seminaren, Workshops zu unterschiedlichen Themen, übers Jahr verteilt und mit Dozenten und Dozentinnen von überall her. Wir hoffen auf Vernetzung und freuen uns über all die Impulse zur Wiederbelebung und Weiterentwicklung dieser wahnsinnig schönen Region mit ihrer großen Weite und geheimnisvollen Ruhe, die wir um uns herum wahrnehmen.

Adelheid Engst ist Schauspielerin und Regisseurin und lebt seit 2020 in Welzow.

Rainer Erbisch | Das Leistungszentrum Lausitz in Schwarzheide

Die mehr als 600 Seiten des Betreibervertrags für das künftige Leistungszentrum Lausitz zwischen der Stadt Schwarzheide, BASF und dem TÜV Rheinland bilden die Grundlage für ein wahres Leuchtturmprojekt, das nicht nur die Grenzen des Möglichen für alle Beteiligten erweitert, sondern auch neue Standards für Qualität und Effizienz setzt.

Unser Vertrag ist mehr als eine Vereinbarung. Er fixiert eine gemeinsame Vision für die perspektivenreiche Entwicklung der Region. Im Leistungszentrum Lausitz werden nicht nur die Fachkräfte von morgen ausgebildet, es dient auch als Knotenpunkt für Innovation und Fortschritt. Die praktische Berufsausbildung im Leistungszentrum erfolgt gemäß den regionalen Branchenschwerpunkten. Diese umfassen erneuerbare Energien und Kreislaufwirtschaft, die Elektro-, Metall-, Informations- und Kunststofftechnik sowie die Chemie. Zusätzlich werden Ausbildungen für Lager und Logistik sowie den kaufmännischen Bereich angeboten. Auf diese Weise ist das Leuchtturmprojekt wegweisend für die nachhaltige Aus- und Weiterbildung von qualifizierten Fachkräften in der Lausitz – und wird maßgeblich zur Attraktivität von Neuansiedlungen beitragen.

Wir erwarten, dass das Leistungszentrum Lausitz 2027 an den Start gehen kann. Bis dahin müssen noch einige Schritte bewältigt werden. Die Stadt Schwarzheide engagiert sich für das Zentrum in besonderer Weise, nur wenige Kommunen gehen ein solch großes Strukturwandelvorhaben an.

Das Leistungszentrum wird die Zusammenarbeit verschiedener Akteure koordinieren. Dank der engmaschigen Verflechtung von Unternehmen, Arbeitsagenturen, Kammern und der Stadt Schwarzheide werden die Anforderungen der Wirtschaft erkannt und gezielt angegangen. Dies schafft nicht nur fachliche Kompetenz, sondern auch eine gemeinsame Basis für die Zukunft.

Rainer Erbisch ist Leiter des Segments Fachkräftesicherung
bei der TÜV Rheinland Akademie GmbH und enger Kooperationspartner
von BASF und der Stadt Schwarzheide.

Aline Erdmann | Ein Positionspapier für Geschlechtergerechtigkeit

Das Ziel des »Bündnis Gleichstellung Lausitz« ist, dass der Fokus auf Frauen nicht mehr nötig sein wird, weil *alle* Menschen mit ihren Fertigkeiten und Bedarfen berücksichtigt werden. In unserem Positionspapier skizzieren wir die Vision für Geschlechtergerechtigkeit im Lausitzer Strukturwandel. Es ist das Ergebnis der erfolgreichen und modellhaften Zusammenarbeit von kommunalen Gleichstellungsbeauftragten in Südbrandenburg und Sachsen mit der Wissenschaft. Die Erkenntnisse aus den vergangenen Jahren und aus der Konferenz »Struktur wandel dich – Struktur, wir wandeln dich!« in Spremberg im September 2022 gingen in das Positionspapier ein.

Das Bündnis formuliert sieben Kernforderungen: Schaffung einer geschlechtersensiblen Datenbasis, Beratung und Qualifizierung von Personen mit Entscheidungsbefugnis, Herstellung von Transparenz sowie einer umfassenden und fortwährenden Beteiligung, Geschlechtergerechtigkeit in der Umsetzung des Strukturstärkungsgesetzes, existenzsichernde Ausbildungs- und Arbeitsplätze für Frauen, Gleichwertigkeit harter und weicher Standortfaktoren, Schaffung einer Fachstelle für Geschlechtergerechtigkeit in der Lausitz.

Der Strukturbruch der 1990er-Jahre wirkt noch heute nach. Die Folgen waren und sind unter anderem Abwanderung, (Über)Alterung der Bevölkerung sowie eine gänzlich neue Wirtschaftsstruktur. Damals wurden Geschlechterfragen ignoriert. Dieser Fehler sollte nicht wiederholt werden. Eine zukunftsfähige Region kann nur von, mit und für Frauen und Männer gemeinsam entwickelt werden. Damit Frauen nicht abwandern, sondern in der Lausitz bleiben, zurückkehren oder sich niederlassen, müssen sie als gleichberechtigte Partnerinnen ernst genommen werden und auf Augenhöhe mitentscheiden können. Die paritätische Besetzung aller Gremien ist eine Grundvoraussetzung, ebenso wie eine geschlechtergerechte Mittelverteilung. Die vermeintlich weichen Standortfaktoren sichern unser gesellschaftliches Miteinander. Das muss ins Bewusstsein, weil ohne Frauen keine Wirtschaft funktioniert.

Aline Erdmann ist kommunale Gleichstellungsbeauftragte von Cottbus und gehört seit 2021 zum Lausitzer Bündnis, das sich für den geschlechtergerechten Strukturwandel einsetzt. www.cottbus.de/gleichstellung

56

Jens Erdmann | Carbonfasern – das schwarze Gold der Lausitz

Mit dem Kohleausstieg in der Lausitz wird das »schwarze Gold« der Energiewirtschaft bald Geschichte sein! Und was kommt dann? Carbonfasern – das »schwarze Gold« der Zukunft!

Nur ein paar Fasern? Und dann auch noch schwarz? Diese schwarzen Fasern sind der Schlüssel zum modernen Leichtbau: In Flugzeugen, in der Raumfahrttechnik, in Autos, Wasserstoffdrucktanks oder in Rotorblättern für Windkraftanlagen sorgen die schwarzen Fasern für erhebliche Gewichtseinsparungen, bessere Eigenschaften und geringeren Materialeinsatz. Das senkt den Kraftstoffverbrauch und somit CO_2-Emissionen.

Kein Wunder, dass der Bedarf und die Nachfrage nach Carbonfasern seit Jahren stetig steigen. Die Lausitz soll Vorreiterin in der Entwicklung dieser Fasern werden. Eine gemeinsame Initiative mit dem Land Sachsen hat den Zuschlag für die Errichtung der »Carbon Lab Factory Lausitz« aus Mitteln für die Wirtschaftsregion Lausitz zugesprochen bekommen. An mehreren Standorten in der Lausitz werden modernste Forschungsanlagen und viele neue Arbeitsplätze entstehen.

Aber es ist ein langer Weg zu den superleichten, supersteifen und superfesten Fasern, die zudem extrem hitze- und chemikalienbeständig sind. Zuerst muss eine Vorläuferfaser (Präkursor) gesponnen werden, die noch hell ist und eben nicht nur Kohlenstoff enthält. Diese wird bei weit über 1000 Grad Celsius karbonisiert und dabei die einzigartig widerstandsfähige Kohlenstoffstruktur erzeugt.

Und die Nachhaltigkeit? Wir entwickeln und verwenden biobasierte Präkursoren und die neuesten, CO_2-sparenden Technologien. Wer weiß, vielleicht fliegt das neue schwarze Gold der Lausitz irgendwann zum Mars. Lausitz – eine krasse Gegend.

Jens Erdmann ist stellvertretender Leiter der Abteilung Materialentwicklung und Strukturcharakterisierung und Experte für nachhaltige Carbonfasern am Fraunhofer-Institut für Angewandte Polymerforschung IAP.

Christin Faulstich | **Nach Baku mit einem Liter Sprit**

Heulende Motoren, aufgemotzte Boliden und der beißende Geruch von Benzin – diese typischen Erscheinungen der Rennfahrszene sucht man bei diesem Rennauto vergebens. Die Shark LaDy – der ausgeklügelte Prototyp der studentischen Forschungsgruppe Lausitz Dynamics – strotzt vor nachhaltiger Technologie und Energieeffizienz und glänzt im futuristischen Design.

Seit dem Jahr 2008 arbeiten Studierende der Brandenburgischen Technischen Universität in Senftenberg aktiv an innovativen Fahrzeugen, die nicht nur leicht und extrem effizient sind, sondern auch ausschließlich erneuerbare Energien nutzen. Die jungen Forscher*innen erhielten in den vergangenen 15 Jahren Unterstützung von mehr als 120 Unternehmen, Vereinen, Verbänden, privaten Personen und der Politik in der Lausitz. Die anhaltende Bereitschaft, das studentische Forschungsprojekt zu fördern, unterstreicht die Bedeutung für die regionale Ausbildung von Fachkräften und die Relevanz der Forschung.

Die finale Herausforderung dieser Studierendengruppe ist der jährlich stattfindende Shell Eco-marathon®, in welchem sich das Team Lausitz Dynamics mit über 200 Teams von Universitäten und Hochschulen aus ganz Europa und Afrika misst. Seit 2009 sammelte das Team Erfahrungen in den Kategorien »Hydrogen«, »Solar« und »Battery Electric«. Ihren größten Erfolg feierten sie im Jahr 2012, als sie den Weltmeistertitel in der am meisten umkämpften Kategorie »Battery Electric« holten.

Dieser internationale Wettbewerb motiviert die Studierenden, ihre Ideen zur klimaneutralen Mobilität in die Tat umzusetzen und Fremdsprachen und erlerntes Wissen in der Praxis zu vertiefen. Die interdisziplinäre Zusammenarbeit entwickelt die Team- und Kommunikationsfähigkeit und fördert die Projekt- und Selbstorganisation. Nach dem Studium konnten alle ehemaligen Teammitglieder eine Tätigkeit bei regionalen oder international agierenden Unternehmen antreten.

Christin Faulstich ist Mitarbeiterin an der Brandenburgischen Technischen Universität Cottbus-Senftenberg und langjährige fachliche Betreuerin des Teams Lausitz Dynamics. www.b-tu.de/lausitz-dynamics

60

Julia Günzel | Bäume pflanzen, Brote ernten

Lebensmittel, Schattenspenderin, Lebensraum, Bodenschützerin – all das ist die Esskastanie. Gleichzeitig bietet sie als eine ursprünglich in Südeuropa und Südwestasien beheimatete Baumart, die durch die zunehmende Klimaerwärmung vermehrt auch in Deutschland angebaut wird, neue Wertschöpfungspotenziale für die Landwirtschaft. Nicht umsonst wird die Esskastanie auch als Brotbaum bezeichnet: Die Nussfrüchte, die eher als geröstete Leckerei der Weihnachtszeit bekannt sind, lassen sich zu Mehl und damit zu verschiedenen Backwaren weiterverarbeiten. In Süd- und Südosteuropa diente die Esskastanie lange Zeit sogar als Grundnahrungsmittel, wurde später aber durch moderne Ackerkulturen weitestgehend ersetzt.

Und heute? In der Lausitzer Landwirtschaft hält die Esskastanie mittlerweile Einzug. Mehrere Landnutzer haben sich in den letzten Jahren für die Agroforstwirtschaft entschieden, bei der Gehölze mit Ackerkulturen oder auch mit der Haltung von Nutztieren kombiniert werden. Während gesunde Produkte erzeugt werden, schützen Agroforstsysteme die leichten und trockeneren Böden, schaffen neue Strukturen in der Landschaft und steigern die biologische Vielfalt. Die Esskastanie spielt hierbei eine wichtige Rolle und ist Symbolträgerin für eine Landnutzung, die für Klimaresilienz, Multifunktionalität, neue Wertschöpfungspotenziale, Zukunftsfähigkeit und Innovation steht – und damit essenziell für den Strukturwandel in der Region ist.

Projekte wie AgroBaLa mit Bezug zur Lausitz untersuchen unter anderem, wie Produkte wie die Esskastanie zu einer klimaresilienten Landnutzung mit hohem Wertschöpfungspotenzial beitragen, wodurch neue Kooperationen, zum Beispiel zwischen Agroforst-Betrieben und regionalen Bäckereien, entstehen. Die Esskastanie ist ein Gewinn für die Lausitz, denn sie trägt zur Klimaanpassung, zum Klimaschutz und zu einer Wertschöpfung mit nachhaltig erzeugten Produkten bei, die der Lausitz einen nachhaltigen Weg in die Zukunft weisen.

Julia Günzel ist Referentin für Weiterbildung und Verbandsentwicklung beim Deutschen Fachverband für Agroforstwirtschaft e.V. (DeFAF).

Dennis Güttler | Zusammenklammern, was zusammengehört

Flexibel, biegsam, nützlich und klein,
so muss eine Klammer sein.

Im Alltag ist sie jedem bekannt,
schafft doch aus Losem einen Verband.

So auch die Lausitz, stark fragmentiert,
über Grenzen hinweg, so wird es probiert.

Sieben Kreise im Land, historisch vereint
als eine Region, so ist es gemeint.

Die Klammer gebogen, gedreht, malträtiert,
eine Freude für jeden, der es probiert.

Eine Region im Wandel, selbst in der Struktur,
von der Kohle zu GreenTech, so dreht sich die Uhr.

Geformt durch Menschen, mit viel Energie,
beschleunigt durch Gelder, so viele wie nie.

Region und Klammer flexibel verhakt,
gut gemacht braucht auch richtig gedacht.

Dinge verbinden ist der Klammer Zweck,
Green Energy kommt, die Kohle kann weg.

Als Rückkehrer hierher blicke ich nun
auf Klammer und Lausitz, es gibt viel zu tun.

Anträge stellen und feste klammern,
Maßnahmen entscheiden, in Gemeindekammern.

Der Wandel zum Guten ist hier zu spüren,
wir öffnen der Welt da draußen die Türen.

Dennis Güttler engagiert sich als Rückkehrer in der Lausitz
für eine positive Zukunft seiner Heimatregion.

Daniel Häfner | Blaudruck digital

Das alte Handwerk des Blaudrucks ist immaterielles Kulturerbe der Menschheit – und dennoch ist es in der Lausitz vom Aussterben bedroht. Der vorgestellte 3D-Druck zeigt das Muster einer etwa achtzig Jahre alten sorbischen Blaudruck-Schürze aus dem Wendischen Museum in Cottbus/Chóśebuz.

Für mich ist schon die Form an sich schön und ein Symbol dafür, wie wir in unserem Strukturwandelprojekt »Inwertsetzung immateriellen Erbes im deutsch-slawischen Kontext« (www.inwertsetzung-lausitz.de) versuchen, das sorbische/wendische Erbe in aktuellen Formen und Produkten fortzuschreiben. So wollen wir das Sorbische/Wendische als Alleinstellungsmerkmal der Region präsentieren.

Das Muster wurde gescannt, bearbeitet und soll nun als Grundlage für neue Textilstempel (Model) dienen. Sind diese Muster einmal digitalisiert, können wir sie in verschiedenen Formen durch das Lasern von Schablonen oder das digital gesteuerte Fräsen von Holzmodeln in die materielle Welt zurückbringen. Die so geschaffenen Objekte stellen die Basis für die Einrichtung neuer (Schau-)Werkstätten in der Lausitz dar und dienen somit dem Erhalt des Handwerks.

Der Blaudruck, seine Formen und auch die Verarbeitung der Textilien besitzen nach Auffassung verschiedener sorbischer/wendischer Organisationen der Kultur- und Kreativwirtschaft ein hohes Potenzial. Dennoch gibt es nur noch eine einzige Blaudruckwerkstatt in der Lausitz: im sächsischen Pulsnitz/Połčnica.

Auch andere Handwerkstechniken sind vom Aussterben bedroht, so der Bau des Holz-Spreewaldkahns oder die traditionelle Trachtenschneiderei, obwohl es eine steigende Nachfrage nach diesen Gewerken gibt. Lösungen finden sich nicht nur auf der individuellen Ebene, sie müssen kollektiv unterstützt werden. Dafür gibt es im Rahmen der Strukturwandelprojekte Möglichkeiten, verschiedene Ansätze auszutesten – und auch einmal mit einer Idee zu scheitern.

Vorerst erlebt der Blaudruck ein kleines Revival. Wir werden schauen, welche positiven Dynamiken sich daraus ergeben und ob diese reichen, um das Handwerk für die nächsten Jahrzehnte zu erhalten.

Daniel Häfner fördert als Geschäftsführer der Plon GmbH – Lausitzer Institut für strategische Beratung die sorbische Kultur- und Kreativwirtschaft.

Katrin Hänsel | Unterm Lupenglas

Urzeitliche Monster mit riesigen Greifzangen, Moospflänzchen so groß wie Bäume, bunte und wuselige Aliens in einem Tröpfchen Teichwasser – wer die Natur einmal unter der Lupe hat, erobert einen fremden Kosmos, mit Wesen und Strukturen, die nicht von dieser Welt zu sein scheinen. Aber sie sind da, jeden Tag, kaum sichtbar – unter unseren Füßen, im Badesee, auf dem Marmeladenbrot am Küchentisch.

Damit auch die Kleinsten diese Welt erleben, engagiert sich das »Kinderhaus im Park« in Komptendorf für die Förderung naturwissenschaftlicher Neugier und trägt mit Stolz das Gütesiegel »Haus der kleinen Forscher«. Die Kinder werden nicht nur ermutigt, die Welt um sich herum zu erforschen, sondern auch ihre kreativen Potenziale zu entfalten. In unserer zweiten Kita in der Gemeinde Neuhausen/Spree, dem »Montessori Kinderhaus der Parkspatzen« in Drieschnitz-Kahsel, stehen Materialien im Mittelpunkt. Sie sollen die Kleinsten ermuntern, die Welt eigenständig zu entdecken – ganz im Sinne von Maria Montessoris Leitspruch »Hilf mir, es selbst zu tun«.

Beide Einrichtungen profitieren von ihrer Naturnähe. Die Kinder nutzen den Park oder den nahe gelegenen Wald, um ihre Heimat zu entdecken, zu erforschen und wertzuschätzen. Auch pflegen wir enge Beziehungen zu den örtlichen Vereinen. Die Zusammenarbeit mit der Freiwilligen Feuerwehr, der Jugendfeuerwehr, dem Reiterhof Drieschnitz-Kahsel, dem Spielmannszug und dem Sportverein Komptendorf eröffnet den Kindern vielfältige Einblicke in ihre lokale Gemeinschaft. 18 engagierte Erzieher*innen begleiten die Kinder behutsam auf ihrem Weg des Lernens und Entdeckens. Durch einen Mix aus bewährten Praktiken und innovativen Konzepten kann jedes Kind seine individuellen Fähigkeiten entfalten und zu einer selbstbewussten Persönlichkeit heranwachsen.

Katrin Hänsel leitet das »Kinderhaus im Park« und das »Montessori Kinderhaus der Parkspatzen« seit 13 Jahren. Die Gemeinde Neuhausen/Spree ist nicht nur ihr Arbeitsort, sondern auch seit vielen Jahren die Heimat ihrer Familie.

Johannes Heimrath | Eine Aue für Generationen

Das Gebiet der sorbischen Gemeinde Nebelschütz/Njebjelčicy in der Oberlausitz wird vom Auental des Jauerbachs geprägt. Auf Anregung des damaligen Bürgermeisters Thomas Zschornak wurden im Jahr 2006 erste Überlegungen zur Renaturierung der Aue angestellt, die bis zur Wendezeit zum Teil unter einem künstlichen Stausee zur Wasserversorgung einer Schweinemastanlage verschwunden war. 2015 schließlich erhob das Projekt Njebjesa (sorbisch für Himmelsort) die Inwertsetzung der ursprünglichen, natürlich geformten Jauer-Aue mit ihren vielfältigen Biotoptypen zum Kern einer resilienten, enkeltauglichen Entwicklung der Gemeinde Nebelschütz und ihren Nachbargemeinden. Zugleich sollte das Projekt seine Übertragbarkeit auf ähnliche Auenregionen zeigen.

Zu diesen Mustern gehören bisher sowohl landschaftliche Restaurierungsmaßnahmen, wie Rückbau der Talsperre und die Rückverlegung des Gewässers in das alte Bachbett, als auch ökosoziale und ökonomische Initiativen, wie die Gründung der gemeinnützigen Genossenschaft Permagold e.G. als Plattform für eine regionale Lebensmittelversorgung in Bürgerhand, die Anwendung permakultureller Prinzipien und die Bewirtschaftung der Gemeindefluren nach den Grundsätzen der regenerativen Biolandwirtschaft.

Thomas Zschornak hat in den drei Jahrzehnten als Bürgermeister die Gemeinde Nebelschütz als vielfach ausgezeichneten Pionierort für ökosoziale Gesundung weithin bekannt gemacht. Seit 2022 ist er Initiator der Stiftung Enkeltauglichkeit, die das Njebjesa-Projekt weiter begleitet. Die sächsische Landestalsperrenverwaltung, die Sächsische Landesstiftung Natur und Umwelt, der BUND-Landesverband Sachsen und das Sächsische Landesamt für Umwelt, Landwirtschaft und Geologie gehören zu den maßgeblichen Unterstützern des Projekts – ein praktikables Modell für eine resiliente Gestaltung der sich wandelnden Lausitz.

Wandert man heute am Jauerbach entlang, erahnt man, dass die nächsten Generationen wieder eine intakte Aue vorfinden könnten.

Johannes Heimrath lebt in Klein Jasedow und ist Mitglied des Kuratoriums der Stiftung Enkeltauglichkeit. www.stiftung-enkeltauglich.de

Eyke Heinze | Mit dem Speziallenker zu den Paralympics

Als Makerspace ist das creative.open.lab (colab) an der Brandenburgischen Technischen Universität in Cottbus mehr als eine Werkstatt – es ist ein Ort der Innovation und Zusammenarbeit. Hier treffen sich Menschen mit Ideen, um sie mithilfe von Technologie und Fachwissen in die Realität umzusetzen. Wir sehen uns als Brücke zwischen Wissenschaft, Wirtschaft und Gesellschaft und möchten zur Stärkung der Lausitz beitragen.

In diesem inspirierenden Umfeld entstand die Idee, Maximilian Jäger, einen herausragenden Paracycler aus Cottbus, dabei zu unterstützen, sein volles Potenzial im Para-Radsport auszuschöpfen. Anfang 2023 kam ich mit Frederik Hähnel, Trainer beim Behinderten-Sportverband Brandenburg e.V., ins Gespräch. Gemeinsam erkannten wir die Bedeutung eines individuell angepassten Lenkers für Maximilian, der nicht nur seine spezifischen Bedürfnisse berücksichtigte, sondern auch neue Maßstäbe im Para-Radsport setzen sollte.

Mit Unterstützung eines engagierten Teams aus Ingenieur*innen, Wissenschaftler*innen und Mitarbeiter*innen des colab, des Instituts für Leichtbau und Wertschöpfungsmanagement der BTU, und des Fraunhofer-Instituts für Angewandte Polymerforschung IAP machten wir uns an die Arbeit. Der Prozess umfasste sportphysiologische Untersuchungen, maßgeschneiderte Konstruktionen und den Einsatz fortschrittlicher Fertigungstechniken wie CNC-Bearbeitung und 3D-Druck.

Ein Jahr später stellten wir den revolutionären Lenker für Maximilian fertig. Dieser ermöglicht ihm, neue Bestleistungen im Paracycling zu erzielen, und ebnete ihm sogar den Weg zu Platz vier im Straßenrennen bei den Paralympics 2024 in Paris und zum Vizeweltmeistertitel im Straßenrennen bei der WM 2024 in Zürich.

Für mich ist das Projekt mehr als nur eine technische Errungenschaft. Es ist ein Beweis dafür, wie interdisziplinäre Zusammenarbeit Großes bewirken kann: nicht nur für Maximilian, sondern auch für unsere Sport- und Universitätsstadt Cottbus – und für die gesamte Lausitz.

Eyke Heinze ist Tischlermeister und Leiter der Holzwerkstatt im creative.open.lab (colab) an der Brandenburgischen Technischen Universität Cottbus-Senftenberg.

72

Tim Hentschel | Eine Hand aus dem Drucker

Als Orthopädietechniker steht für mich das Wohl meiner Patientinnen und Patienten im Fokus. Ich fertige Orthesen und Prothesen an, um sie bei Verletzungen oder Erkrankungen bestmöglich zu unterstützen. Die klassische Herstellung von Orthesen beginnt mit einem Gipsabdruck, um die Körperform abzubilden. Anschließend wird der Abdruck genutzt, um Materialien wie beispielsweise Kunststoffe zu formen und individuell anzupassen.

Über die Handwerkskammer habe ich einen Kontakt zum Center for Hybrid Electric Systems Cottbus (chesco) an der Brandenburgischen Technischen Universität erhalten. Am chesco wird an hybrid-elektrischen Antrieben geforscht. Dabei kommen moderne, agile Fertigungsmethoden zum Einsatz, die durch Transferangebote der regionalen Wirtschaft zugänglich gemacht werden. Der Einsatz von 3D-Druckern bietet einen effizienteren Ansatz, stellt jedoch für die Integration in unseren Arbeitsalltag eine Herausforderung dar. Für die additive Fertigung benötigt man einen 3D-Scan des betroffenen Körperteils und muss am Computer ein 3D-Design der Orthese erstellen. Durch die Expertise bei chesco war es faszinierend zu erfahren, was durch die neue Technologie alles möglich ist. Diese Kooperation gibt uns Raum, neben dem Tagesgeschäft auch eigene Ideen zu entwickeln und zu erproben.

3D-gedruckte Orthesen wie Handgelenk-, Fuß-, Knie- und Rückenorthesen bieten Möglichkeiten zur präzisen Anpassung, sind leichter und stabiler und können schneller und automatisierter mit einer hohen Designfreiheit hergestellt werden. Sie verbessern den Tragekomfort durch bessere Belüftung und bieten eine effiziente, maßgeschneiderte Unterstützung der Mobilität.

Das Zusammenspiel aus alten und neuen Fertigungsmethoden könnte den Weg für eine positive wirtschaftliche und soziale Entwicklung in der Lausitz ebnen.

Tim Hentschel ist Orthopädietechnikermeister und
verbindet traditionelles Handwerk mit modernen Fertigungsmethoden.
www.b-tu.de/chesco

Sebastian Herke | Startblock B2: Früher schwimmen, heute gründen

Ein Schlüsselprojekt, um zukunftsfähige Lösungen für Cottbus und die Lausitz zu entwickeln, ist das Regionale Cottbuser Gründungszentrum am Campus (RCGC), kurz Startblock B2. Das Gründungszentrum steht in unmittelbarer Nähe zum Zentralcampus der BTU. Der Neubau wurde mit Fördermitteln der Investitionsbank des Landes Brandenburg (ILB) unterstützt.

Das Gründungszentrum bietet Jungunternehmer*innen und Existenzgründer*innen moderne Arbeitswelten und beste Startbedingungen in Form von organisatorischer, wirtschaftlicher und technologischer Unterstützung. Als Zentrum der Wirtschaftsförderung vereint das Gründungszentrum alle Angebote, die sich mit dem Thema Existenzgründung beschäftigen. Damit bietet der Startblock B2 direkten Zugriff auf umfassendes Know-how, Raum für zukunftsweisende Ideen sowie die Möglichkeit, gemeinsam mit Netzwerkpartnern aus Universität, Industrie und Mittelstand an innovativen Lösungen zu arbeiten.

Das etwa 5000 Quadratmeter große Gebäude wirkt als Denkfabrik für die Zusammenarbeit von Firmen, Kund*innen, Forscher*innen und Student*innen. Glas- und mobile Trennwände ermöglichen eine Raumnutzung je nach Größe und Bedarf der Teams. Schon beim Eintritt ins Foyer wird klar: Hier wird Offenheit gelebt. Das COLab der BTU lädt als eine sichtbare Mieterin zum Mitmachen und Prototypenbau ein.

Das äußere Erscheinungsbild des Gebäudes folgt der inneren Logik. Transparente Materialien bestimmen die Fassade. Feste und mobile Sonnenschutzelemente machen die Gebäudeidee der Offenheit auf neuartige Weise im Stadtraum erlebbar. Bewegliche Markisen im Erdgeschoss verleihen dem Baukörper ein nach Sonnenstand und Jahreszeit wechselndes Erscheinungsbild.

Der denkmalgeschützte »Brunnen des Friedens« rundet das Ensemble auf wunderbare Weise ab und wurde in die Platzgestaltung einbezogen.

Sebastian Herke ist Geschäftsführer der Gebäudewirtschaft Cottbus GmbH (GWC). Die GWC ist Eigentümerin des Startblock B2.

Christine Herntier | Alles fließt – die Spree

Ist ein Fluss ein Objekt? Kann man ihn in die Hand nehmen? Ist die Spree ein Zukunftsbild? Wie sieht dieses Zukunftsbild aus und wann wird es Realität sein?

Was den Fluss betrifft, sicher nicht. Die Spree gehört schon immer zur Lausitz dazu. Und sie ändert sich laufend, gerade jetzt. Wie wir, die Lausitzerinnen und Lausitzer, es auch tun. Die Veränderungen können wir messen, bewerten, an unserem Verhältnis zum Fluss der Lausitz schlechthin. Romantisch verklärt, was die Vergangenheit betrifft. Aber auch da war ganz viel Veränderung, dramatische Veränderung sogar.

Man denke nur an den Spreewald, der in der Vergangenheit völlig abhängig war von den Launen der Natur. Die Menschen haben sich angepasst, mit klugen Lösungen, sie haben sich gewandelt. Im Laufe der Zeit wurde die Spree zum Wirtschaftsfaktor. Wichtige Industrien wie die Textilindustrie waren undenkbar ohne das Wasser der Spree. Und dann erst die großen Städte, allen voran Berlin! Was wären sie ohne das Wasser der Spree.

Auch die Spree musste sich wandeln, sie wurde in ein neues Bett gezwungen, ihre Zuflüsse reguliert und vom Bergbau genutzt. Nun soll Schluss sein mit dem Bergbau. Wird alles so wie früher? Sicher nicht! Wenn alles so bleibt, wie es ist oder vielleicht mal war, dann gibt es keinen Fortschritt! Also wird die Spree uns in die Zukunft begleiten. Sie wird wieder klar werden, sie wird Hilfe dafür brauchen. So wie die ganze Lausitz auch eine Zukunft hat, in der es – samt Spree – viel besser gelingt, Mensch und Natur in Einklang zu bringen. Denn wir lernen ja etwas aus der Vergangenheit für unsere Gegenwart und wir sichern die Zukunft der Menschen in der Lausitz, weit über das Jahr 2038 hinaus. Den Rest weiß Platon: »Alles fließt und nichts bleibt; es gibt nur ein ewiges Werden und Wandeln.«

Christine Herntier, seit 2014 parteilose Bürgermeisterin
der Stadt Spremberg, ist Mitbegründerin und Mandatsträgerin
des kommunalen Bündnisses Lausitzrunde.

Sebastian Hettchen | **Speicher Cottbus**

Etwas versteckt liegt er, der Kornspeicher des ehemaligen Heeresverpflegungsamtes. Ein gigantischer Klotz aus Beton, der sich zwischen einem Zwillingsbau und der ehemaligen Bäckerei direkt an den Bahngleisen der Strecke nach Dresden befindet. Der Ort liegt schon lange brach und hat vielen Nachnutzungsversuchen getrotzt. Jüngst kaufte ein Großinvestor die umliegenden Flächen und macht mit wenig Fingerspitzengefühl Tabula rasa.

Nun steht der Speicher im Rampenlicht: ein Möglichkeitskosmos für Kunst und Kultur. Geschichten gibt es viele zum Ort. Immer wieder kommen Besucher vorbei und erzählen, was sie dort erlebt haben. Warmes Brot von den Russen geschenkt bekommen, eine Party besucht oder einfach nur Lost-Places-Expeditionen. Die Erinnerungen sind vielfältig.

Aber wie sieht die Zukunft aus? Dem Ort soll neues Leben eingehaucht werden. Viele engagierte Menschen tummeln sich mittlerweile am Speicher. Sie haben den Speicherrat gegründet und wollen den Ort gemeinsam entwickeln. Demokratisch und schrittweise. Wie in einem Wimmelbild von Ali Mitgutsch soll es auf den 5000 Quadratmetern einmal aussehen. Die Frage, was es mal werden soll, versucht niemand zu beantworten. Wir wissen es noch nicht und halten aus, dass es offenbleibt. So kann sich der Ort immer wieder neu erfinden.

Zwischen den Großvorhaben des Strukturwandels wie der Medizinischen Universität Lausitz und auf der anderen Seite der Gleise beim Bahnwerk erzeugt der Ansatz Verwunderung, aber auch Respekt vor dem Engagement der vielen Menschen.

Hier können wir gemeinsam die Zukunft gestalten und dem Strukturwandel ein Gesicht geben. Das Gesicht der Cottbuser Stadtgesellschaft. Aber wie wird sich unsere Stadt verändern? Und wie sieht das Quartier aus, das um uns herum entstehen wird? Fragen, die derzeit hinter verschlossenen Türen diskutiert werden. Fragen, die vielen Menschen Sorgen bereiten. Lasst uns darüber reden und den Strukturwandel am Speicher gemeinsam gestalten.

Sebastian Hettchen ist Mitglied im Speicherrat e.V. und glaubt,
dass koproduktive Stadtentwicklung möglich ist, sogar in Cottbus.
Kornspeicher, Sachsendorfer Straße 46, 03048 Cottbus

Romy Hoppe | Vernetzung auf zwei Rädern

Der Wandel der Region wird für mich durch mein Fahrrad erfahrbar. Es ist mein primäres Fortbewegungsmittel, ohne das ich meine täglichen Aufgaben kaum bewältigen könnte. Obwohl es schon in die Jahre gekommen ist, trägt es mich zuverlässig.

In meiner Jugend galt ein eigenes Auto als cool, als Synonym für Unabhängigkeit und Freiheit. Fahrräder waren out, obwohl fast jeder eines besaß. Mit dem Lausitzer Frauen Netzwerk wollen wir unsere Rolle im Arbeitsleben ebenso nachhaltig und positiv transformieren und eine Einstellungsänderung bewirken. Betrachtet man die Bilder von offiziellen Veranstaltungen, sind Frauen oft in der Minderheit. Diese Bilder repräsentieren die Vergangenheit. Wie viele Frauen bereits heute aktiv die Gegenwart und Zukunft der Lausitz gestalten, erlebe ich bei den Veranstaltungen des Lausitzer Frauen Netzwerks. Ob als Unternehmerin, Führungskraft oder Expertin – Frauen bringen sich vielfältig, selbstbewusst und kreativ ein. Leider zu selten sichtbar.

Langsam ändert sich aber auch hier etwas. Dies spüren wir an der positiven Entwicklung des Lausitzer Frauen Netzwerks, das seit 2023 stetig wächst und inzwischen mehr als 200 Frauen anspricht. Der Blick auf das berufliche Wirken von uns Frauen ändert sich. Es gibt jedoch auch Unterschiede. Das Fahrrad ist neben praktischen Überlegungen oft ein Ausdruck für Lifestyle, Persönlichkeit oder Umweltbewusstsein, kurz Modernität. Für Unternehmen ist die berufliche Gleichstellung von Frauen weit mehr. Frauen sind Fachkräfte, Führungskräfte, Gestalterinnen! Je mehr die klassischen Strukturen für Frauen geöffnet werden, desto erfolgreicher sind Unternehmen und Organisationen. Dies ins Bewusstsein zu bringen, ist unser Ziel.

Am Radfahren faszinieren mich die Nähe zum Geschehen und die Interaktion mit der Umgebung. Diese Nähe suchen wir auch mit den Lausitz-Frauen. Und so erfahre ich täglich auf meinem Fahrrad, wie sich die Lausitz verändert. Ich erlebe direkt, wo ich als Frau und Radfahrerin gleichberechtigter Teil des Ganzen bin und wo es noch Handlungsbedarf gibt.

Romy Hoppe, Gründerin des Lausitzer Frauen Netzwerks,
ist eine waschechte Lausitzerin, die den Wandel in ihrer Heimat
nicht nur begrüßt, sondern aktiv mitgestalten möchte.

Klaus Höschler | Klimaneutrales Fliegen aus der Lausitz

Das Fliegen interessiert mich seit frühester Kindheit, ganz einfach, weil ich in der Nähe eines Flughafens aufgewachsen bin. Diese Begeisterung kann ich in der Forschung an Flugantrieben ausleben und damit sogar einen Beitrag zum Klimaschutz leisten.

Das Modell eines hybrid-elektrischen Flugzeugs verkörpert die Zukunftsvision klimaneutralen Fliegens, die hier in der Lausitz erforscht wird. Die Europäische Union hat sich das Ziel gesetzt, bis 2050 in allen Lebensbereichen klimaneutral zu sein – das schließt auch das Fliegen ein. Um dies zu erreichen, müssen die langen Entwicklungszeiten in der Luftfahrt drastisch beschleunigt werden.

An der Brandenburgischen Technischen Universität und dem neu gegründeten Forschungszentrum Center for Hybrid Electric Systems Cottbus (chesco) wollen wir innovative Lösungen finden. Dafür bauen wir eine Infrastruktur, die eine schnellere Prototypenfertigung ermöglicht. Neue Entwicklungen sollen an einem Ort konstruiert, gefertigt und getestet werden. Dazu ist es wichtig, alle Prozesse vollständig zu digitalisieren. Aktuell wird im Luftfahrtbereich an der Nutzung alternativer Kraftstoffe sowie an neuen Antriebskonzepten geforscht. Verschiedene Möglichkeiten werden getestet, etwa die Nutzung von Wasserstoff in Gasturbinen und Brennstoffzellen oder hybride Versionen mit zusätzlichen elektrischen Antrieben. In Zusammenarbeit mit dem DLR-Institut für Elektrifizierte Luftfahrtantriebe und anderen Partnern treiben wir die Forschung in Cottbus voran.

Das Flugzeugmodell steht für die Vision der grünen Mobilität. Es zeigt, wie ein hybrid-elektrisches Flugzeug aussehen könnte. Das Erscheinungsbild von Flugzeugen wird sich durch neue Antriebe verändern. Im Modell wird deutlich, dass beispielsweise Propellerantriebe wieder relevant werden. Das Modell befindet sich in den Projekträumen von chesco. Gebaut wurde es 2020 von dem Cottbuser Klaus Kaliebe. Es ist ein Symbol für das chesco geworden und begleitet uns auf Veranstaltungen und Messen.

Klaus Höschler leitet das Fachgebiet Flug-Triebwerkdesign und ist wissenschaftlicher Leiter im Center for Hybrid Electric Systems Cottbus (chesco) an der Brandenburgischen Technischen Universität Cottbus-Senftenberg.

Paula Hromada | Spinnerei in der Kulturweberei?

Vorhersehbar war diese Entwicklung nicht. Am wenigsten für den Tuchmachermeister Gottlob Carl Schaefer, der 1845 ein kleines Tuchunternehmen in Finsterwalde gegründet hatte, das sich in den Folgejahren zu einem der bedeutendsten Textilbetriebe in der damaligen Industriestadt Finsterwalde entwickelte. 1899 entstand das große Spinnereigebäude, die heutige Kulturweberei Finsterwalde, die anfangs so mancher eher abfällig als Spinnerei bezeichnete.

Wie viele andere Betriebe der Stadt überstand das Textilunternehmen die wirtschaftlichen Folgen der politischen Wende nicht. Nach der Schließung 1990 war ein Museum zur Textilproduktion geplant. Diese Weiternutzung hätte der Historie sicher Rechnung getragen, aber weniger Raum für die zukunftsgerichtete Weiternutzung gelassen. Nach langer Kontroverse und vielfältiger Bürgerbeteiligung läutete der entscheidende Beschluss der Stadtverordnetenversammlung im Februar 2019 die Bauphase für das neue Kulturhaus ein, in dessen Name und Architektur sich vielfach die Tradition der alten Textilfabrik wiederfindet und das dennoch ein offenkundiger Beweis dafür ist, dass die Zukunft manchmal nicht nur große Ideen, sondern auch große Räume braucht.

Seit der feierlichen Eröffnung am 21. April 2023 muss sich die Kulturweberei Finsterwalde an Besucherzahlen und erfolgreichen Veranstaltungen messen lassen. Die positiven ersten Auswertungen veranlassen jedoch niemanden zum Ausruhen auf seinen Lorbeeren. Stattdessen wurden erfolgreich neun Millionen Euro Fördermittel eingeworben, um die auf dem Gelände befindliche Alte Weberei zu einem Ort für Kunst, Kultur und soziales Leben zu entwickeln. Wenn man auf die Prognosen zur Bevölkerungsentwicklung schaut, muss man also zugestehen: Ja, die spinnen – weiter an ihrer Idee einer selbstbewussten Kleinstadt, die dank der stetigen Investition in Kunst und Kultur lebenswert ist und den negativen Prognosen erfolgreich trotzt.

Paula Hromada, in Finsterwalde geboren, ist seit 2017 – mit einer inspirierenden Zwischenstation am Energie-Innovationszentrum EIZ der Brandenburgischen Technischen Universität Cottbus-Senftenberg – Pressesprecherin ihrer Heimatstadt. Kulturweberei Finsterwalde, Oscar-Kjellberg-Straße 9, 03230 Finsterwalde, www.kulturweberei-finsterwalde.de

Michael Hübner | Einblick, Überblick, Ausblick

Das Kaleidoskop vor dem Hauptgebäude der Brandenburgischen Technischen Universität Cottbus-Senftenberg ist ein Symbol für drei unterschiedliche Blickwinkel, die unerlässlich sind für die Weiterentwicklung der Gesellschaft und der Region Lausitz im Wandel.

Einblicke in Grundlagen und Anwendungen bilden die Wissensbasis, um aus Forschung Innovationen werden zu lassen. Dies sind sowohl technologische als auch soziale Innovationen, bei denen Individuen, aber auch die Gesellschaft der Region, die sich im Umbruch befindet, im Mittelpunkt stehen. Dabei geht es auch um das Verständnis, dass wissenschaftliches Vorgehen und Denken Produkte des erweiterten Transfers sind und Werte wie Demokratie und Akzeptanz beinhalten.

Überblick über die interdisziplinäre Forschung, in einer Vielfalt von Themen, wie sie nur an einer Universität vorhanden sein kann, zeigt das Potenzial auf, das in der Verknüpfung von unterschiedlichsten Wissenschaften steckt. Der Blick über Grenzen hinweg, aus unterschiedlichsten Perspektiven und mit der Möglichkeit, Details zu vergrößern, um sich darauf zu fokussieren, schafft eine solide Basis für Ziele in Forschung und Innovation.

Ausblick für eine positive Zukunft schaffen, in der viele Generationen mit den Herausforderungen im globalen Wandel leben können, ist essenziell. Wichtig ist dabei, dass der eigene Beitrag nicht in den Hintergrund rückt und als ein relevanter Teil einer großen Lösungsstrategie gesehen wird.

An der BTU arbeiten wir mit diesen drei Maximen und merken sehr stark, dass wir ein aktiver und integrierender Teil der Region sind. Ich könnte keinen spannenderen Ort und keine aufregendere Zeit benennen als heute hier in Cottbus.

Michael Hübner ist hauptberuflicher Vizepräsident für Forschung und Transfer und Professor für Technische Informatik an der Brandenburgischen Technischen Universität Cottbus-Senftenberg.

Fabrice Huvelle | Mit Helm und Warnweste

In Cottbus sieht man sie öfter zwischen Hauptbahnhof und Bahnwerk aufleuchten: weiße Bauhelme und neonorange Warnwesten des Werkes Cottbus. Besuchergruppen auf dem Weg vom Infozentrum in Richtung Bahnwerk sind damit schon von weitem zu erkennen. Helm und Weste gehören jedoch nicht nur zur Schutzkleidung für Besucher:innen, sondern sind längst Symbole einer neuen Aufbruchsstimmung für den Bahnstandort Cottbus. Anfang des Jahres 2024 haben wir die erste von zwei neuen Werkshallen für den ICE 4 in Betrieb genommen und damit einen Meilenstein erreicht auf dem Weg zum größten und modernsten Instandhaltungswerk in Deutschland. Zahlreiche neue Arbeits- und Ausbildungsplätze entstehen, das Werk wächst und hat eine Strahlkraft über die Region hinaus. Für die Menschen in der Lausitz ist mit der neuen Instandhaltungshalle der Strukturwandel greifbar geworden.

Voller Optimismus schauen wir in die Zukunft und zugleich stolz zurück. 2024 feiern wir das 150-jährige Bestehen unseres Werkes – eine beeindruckende Zeitspanne, die von Höhen und Tiefen, von Herausforderungen und Erfolgen geprägt war. Immer wieder stand das Werksteam vor einschneidenden Veränderungen und hat diese gemeinsam gemeistert. Heute erleben wir erneut ein starkes Team DB. In der neuen Werkshalle wie auch im Kompaktbau stehen erfahrene Kolleg:innen neben Quereinsteiger:innen, jungen Mitarbeitenden und Auszubildenden. Schulter an Schulter wechseln sie Radsätze, kontrollieren Bremsen und Türen und arbeiten mit hochkomplexer Technik. Gemeinsam sorgen sie dafür, dass die Züge schnell und sicher zurück auf die Schiene kommen und die Verkehrswende gelingt.

Die neue Werkshalle und der Kompaktbau, der ICE 4 und die dieselelektrischen Loks – all das gehört jetzt zum Werk Cottbus. Und das Werk verändert sich weiter: Die Arbeiten für die neue viergleisige Halle, die 2026 eröffnet wird, sind bereits in vollem Gange. Als »1Werk:1Team« wachsen wir bis dahin weiter zusammen und schreiben die ereignisreiche und bewegte Geschichte des Bahnwerkes Cottbus fort.

Fabrice Huvelle leitet das Bahnwerk in Cottbus. Dieses feierte 2024 sein 150-jähriges Bestehen. Bauhelm und Warnweste liegen beim Pförtner im Werk Cottbus für Besucher:innen bereit.

Carsten Jacob | Grenzgänge in Guben-Gubin

Die Fußgängerbrücke über die Neiße ist die »jüngste« ihrer Art in der deutsch-polnischen Doppelstadt Guben-Gubin. Sie ist als Fußgänger- und Fahrradbrücke ausgelegt, welche die Theaterinsel im polnischen Gubin mit der Alten Poststraße im deutschen Guben verbindet. Der Bau besteht aus einer einfeldigen Stahl-Holz-Bogenkonstruktion und wurde über das EU-Programm Interreg III A Brandenburg–Polen gefördert. Die Einweihung erfolgte an einem wahrlich geschichtsträchtigen Datum, nämlich unmittelbar am Vorabend des Beitritts der Republik Polen zum Schengen-Raum am 21. Dezember 2007.

Die Brücke ist für viele Bürgerinnen, Bürger und Gäste ein ganz besonderes Element, da sie Menschen dies- und jenseits der Neiße zusammenführt. Egal, ob es sich um kulturelle Großveranstaltungen wie den Europatag, organisiert durch die Vertretungen der Europäischen Kommission und die Verbindungsbüros des Europäischen Parlaments in Deutschland und Polen, der am 7. Mai 2022 mit etwa 15 000 Teilnehmern und Gästen stattfand, oder aber um das ganz alltägliche Leben handelt. Über diese Brücke kommt man stets zum Ziel, beispielsweise von Guben aus zum Spaziergang auf die Theaterinsel oder um dort mit seinen Kindern dem tollen, ebenfalls mit EU-Mitteln kofinanzierten Spielplatz einen Besuch abzustatten.

Das gilt selbstverständlich auch in umgekehrter Richtung. Von Gubin aus gelangt man schnell zum Gubener Bahnhof, kann zur Ausstellung des weltbekannten Plastinariums laufen oder hat Anschluss an ein sehr gut ausgebautes Radwegenetz.

Kurzum: Dieses Objekt ist auch rund 17 Jahre nach seiner Fertigstellung ein echter »Brückenbauer« und sorgt dafür, dass die Menschen beiderseits der Neiße Europa und die damit einhergehende Freizügigkeit tagtäglich erleben können.

Carsten Jacob ist Geschäftsführer der Euroregion
Spree-Neiße-Bober e.V.

Theresa Jacobs | In jedem Haus ein Lutk

Er weiß alles und er sieht alles, unser Lutk. Er schaut prüfend in die Welt und durchschaut sofort. Mit den Worten »Jeder Haushalt braucht einen Lutken, der aufpasst!« haben wir ihn vor etlichen Jahren geschenkt bekommen. Seitdem steht er verschmitzt und Respekt einflößend im alten selbstgezimmerten Holzregal über der Spüle und beobachtet das rege Treiben in unserer Blockstube.

Lutken, diese kleinen Leutchen, sind einerseits die vielen unerwarteten und unsichtbaren helfenden Hände, wenn sie dringend gebraucht werden. Andererseits sind sie die wachrüttelnden Sandkörner im Getriebe des alltäglichen Hamsterrads. Klug erkunden sie ihr häusliches Umfeld, treiben aber auch allerhand Schabernack, wenn sich die Hausbewohner*innen nicht durch Aufrichtigkeit, Genügsamkeit und Fleiß auszeichnen. Die sorbische/wendische Sagenfigur, vermeintlich von der Erdoberfläche vertrieben durch den Lärm der Kirchenglocken, verbindet uns mit dem Vergangenen und fast Vergessenen, mit dem Unsichtbaren und dem Zeiten-Überdauernden. Sie erinnert uns daran, zu hinterfragen und mutig neu zu denken, sich zur rechten Zeit in Widerständigkeit zu üben und eine aufrechte Haltung einzunehmen, ohne sich aufzuspielen.

Das Gleichgewicht zwischen den Lutken und den Menschen aufrechtzuerhalten, darauf kam es immer an. Wenn wir es heute darauf ankommen ließen, angetrieben von Visionen einer enkeltauglichen Zukunft für die Łužica/Lausitz, bleiben sie uns gegenüber hoffentlich positiv gestimmt. Werden sie weiterhin auf uns Acht geben und uns immer wieder ermutigen, Hand anzulegen, zuzupacken? Wären wir bereit, uns stets erneut irritieren und wecken zu lassen für den manchmal bitter nötigen Perspektivwechsel?

Neulich erst sprach der Lutk wieder – angefertigt von der Trattendorfer Keramikerin Carola Antonia Eitner – zu uns: »Njechabłać – standfest bleiben! Immer der Nase nach, auch im Gegenwind! Nicht aufgeben, wirksam bleiben durch gemeinsame Taten!«

Theresa Jacobs ist Weltenwandererin zwischen Wissenschaft und Kunst, Lausitz und Leipzig, Kindheitsträumen und Enkeltauglichkeit.
Lutken von Carola Antonia Eitner

Melanie Jaeger-Erben | **Der Blaue Würger und die Freiheit**

Fast jede:r hat einen zu Hause und bei vielen erzeugt er Unbehagen: der Keller. Als Lagerraum für nicht ständig benutzte Dinge unverzichtbar, wird er bisweilen zu einer vollgestopften, chaotischen Resterampe der Konsumgesellschaft. Keller und Abstellkammern demonstrieren uns wie keine anderen Orte das Unvermögen, beim materiellen Konsum Maß zu halten, und die Hilflosigkeit, die eigene Maßlosigkeit räumlich zu organisieren.

Und dennoch sind Keller auch Orte der Befreiung, mit denen sich Menschen der Autorität des Marktes entziehen. In Kellern werden Dinge aufbewahrt statt weggeworfen, selbst wenn ihnen der Markt keinen Wert mehr zugesteht. Keller entziehen sich der kapitalistischen Logik der Beschleunigung und Akkumulation, in ihnen steht die Zeit still. Keller sind zugleich intertemporale Parallelwelten, sie verbinden Vergangenheit mit Zukunft und überspringen die Gegenwart.

In einem dieser Keller steht eine Flasche Kristall-Wodka, eine in der DDR beliebte und vielgetrunkene Spirituose, auch »Blauer Würger« genannt, wegen des ikonischen Etiketts und des kratzigen Abgangs. Die Flasche stammt aus Restbeständen eines DDR-Konsums in Gerstenberg bei Leipzig und war bereits Bestandteil mehrerer Keller und Dachböden. Diesen Blauen Würger wird niemand mehr trinken, er hat praktisch keinen Verkaufswert und eignet sich nur bedingt als Nostalgieobjekt. Und genau deshalb ist er ein Symbol für Befreiung: So wie sich DDR-Bürger*innen mit ihrem hohen Zuspruch zu harten Spirituosen den Kampagnen für eine »sozialistische Gaststättenkultur« entzogen, steht das Aufbewahren eines nicht mehr genießbaren Exemplars für die Befreiung vom Utilitarismus kapitalistischer Verwertungslogik.

Und das wünsche ich der Lausitz: ein Raum zu werden, in dem selbstbestimmt und frei entschieden wird, was wertvoll ist und welche Aspekte der Vergangenheit für die Zukunft bewahrt werden, ohne sich autoritären Ideologien zu unterwerfen.

Melanie Jaeger-Erben ist Professorin für Technik- und Umweltsoziologie an der Brandenburgischen Technischen Universität und forscht zu materieller Kultur.

Lars Katzmarek | Laut für die Lausitz

Der Puls steigt, der Moment wirkt wie eingefroren, die innere Konzentration ist hoch. Genau das ist mein Moment, bevor es losgeht. Spotlight an! Die ersten Takte verstreichen aus den Boxen, und der Monitor auf der Bühne gibt mir, wie durch ein Wunder, das Signal für den Einsatz. Mikrofon, Check! Sound aus den Boxen, Check! One two, one two! Die Menschen sind begeistert und die positiven Gefühle übernehmen für das, was folgt.

Rappen ist Reden, nur anders. Sosehr wie die Konzentration in jedem Moment auf der Bühne da sein muss, sosehr ist sie ebenfalls bei Talk-Runden gefragt. Was sagt mein Gegenüber? Wo gibt es Schnittmengen? Wo sind wir uns uneins? Wichtig ist mir: gutes Zuhören zuerst und anschließend die passenden Antworten formulieren. Dabei sind Gestik und Mimik anders als bei meinen Rap-Auftritten.

Und jetzt auch noch mit Kamera! Nicht nur Social-Media-Reels, sondern ebenfalls Fernsehen und mehr. Hier geben Journalisten den Ton an, es ist aber eine andere emotionale Anstrengung, den Blick immer auf einen Punkt gerichtet für ein gutes Bild und die Ohren gespitzt, damit mir nichts entgeht.

Auf die Ohren gibt es auch was! Neben all diesen Themen spielt das Radio eine entscheidende Rolle. Dazu gesellen sich für mich weitere Formate wie Online-Konferenzen, Online-Radio, Podcasts und Telefonate.

Seit ich mich mit meinen Songs und meinem Gesicht in die Öffentlichkeit gewagt habt, bin ich auf Sendung. Mein Herz brennt für die Lausitz!

Ich habe das Glück, genau das zu machen, was mir Spaß macht. Denn ich bin nicht nur laut für die Lausitz, sondern sehe sehr klar, dass »die Wüste lebt« und es nur die eine Chance gibt: Wir gemeinsam.

Lars Katzmarek ist Musiker, Revierbotschafter der Lausitz und
seit Oktober 2024 Abgeordneter des brandenburgischen Landtags.
Seine Devise: Für die Lausitz mit Herz unterwegs!

Ulrike Kauf | Denkmalfrau

Zahlreiche Geschichten ranken sich um sie. Bei Görlitzer Stadtführungen kursieren Legenden. Die Rede ist von der Muschelminna, wie der Volksmund sie nennt, einer weiblichen Statue auf dem Postplatz in Görlitz. Konnten sich die Herren im Gerichtsgebäude nebenan überhaupt auf ihre Arbeit konzentrieren bei ihrem Anblick? Ist sie ein Abbild des Dienstmädchens der Familie des Baumeisters Robert Toberentz? Und was sagte wohl dessen Frau zu der freizügigen Darstellung?

300 Jahre später: Lasst uns einer neuen Sichtweise auf Weiblichkeit Raum geben. Was für eine starke Frau! Trotz luftiger Höhe steht Flora, die Göttin der Natur, sicher und fest mitten auf dem Postplatz im Herzen von Görlitz. Auf ihrem Kopf trägt sie eine Riesenmuschel, die Wasser spendet und damit Leben möglich macht. Seit jeher sind es Frauen, die wesentlich dazu beitragen, menschliches Miteinander zu gestalten, zu verhandeln und zu tragen – von der kleinsten Familie bis zum größten Weltgeschehen. Ihr Wirken ist oft eher leise, aber beständig und unglaublich kraftvoll. Sie verbinden, wo es noch keine Brücken gibt. Sie ertragen und nehmen tapfer an, was das Leben ihnen auferlegt. Sehend, hörend, liebend begleiten sie die Menschen in ihrem Umkreis und geben Halt, den wir Menschen so dringend brauchen, um vertrauensvoll und mutig ins Leben zu gehen und unseren Platz in dieser Welt zu finden.

Viel zu selten wird das gesehen und gewürdigt! Lasst uns die Muschelminna als Abbild verstehen für alle Frauen, die die Lausitz lebendig machen – als Schaffende, Visionärinnen, Aktivistinnen, Mütter, Töchter. Sie ist ein dreieinhalb Meter hohes Kunstwerk aus gegossener Bronze und ein Denkmal weiblicher Gestaltungskraft.

Ulrike Kauf, seit 1975 in der Lausitz verwurzelt, ist manchmal
mit Schwert und Schild unterwegs, viel lieber jedoch mit freien Händen
und offenen Armen.

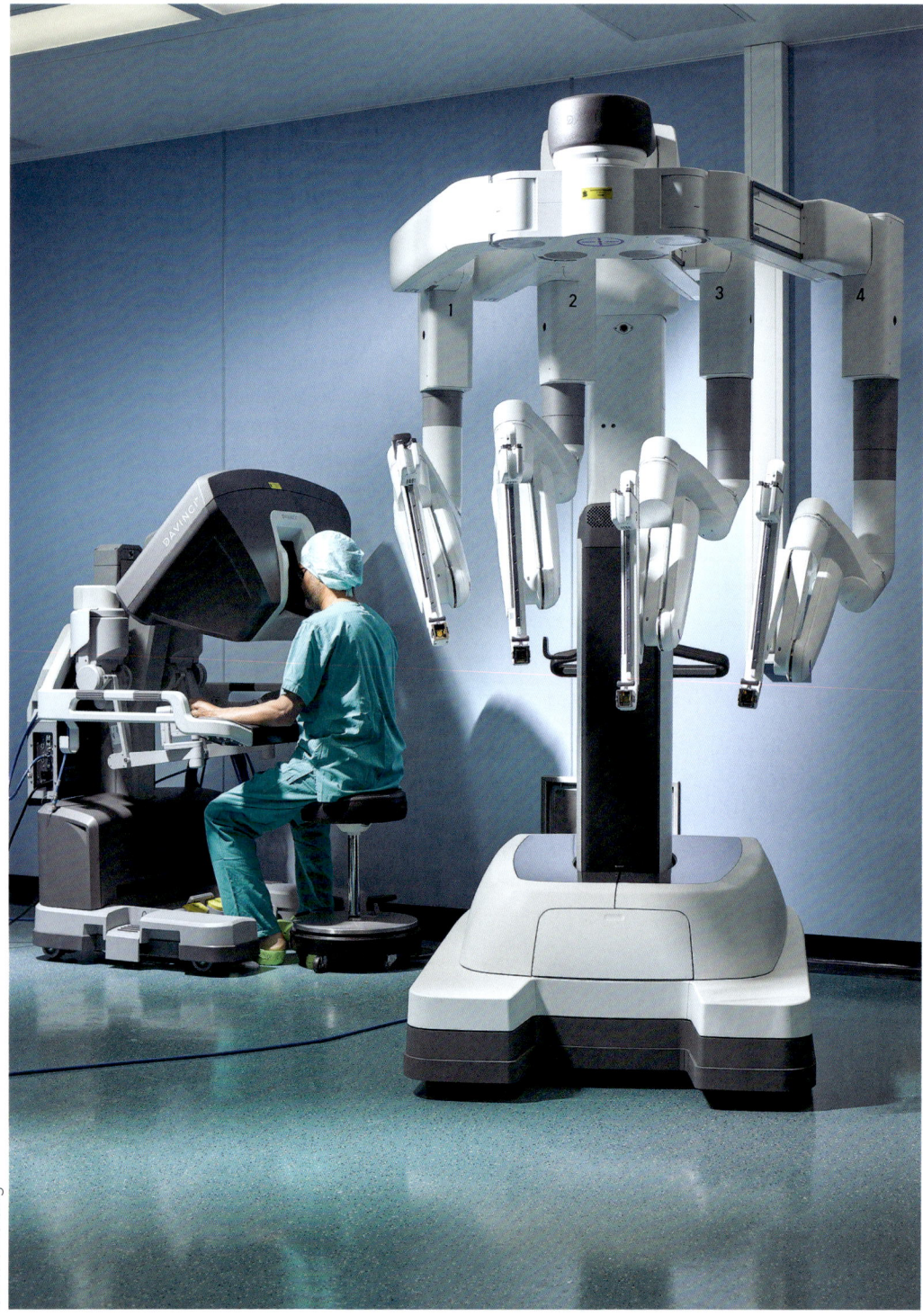

Juliane Kirfe | Der Roboter als OP-Assistent

Im ehemaligen Braunkohlerevier Lausitz ist es an der Zeit, Neues zu wagen. Operationen mit Unterstützung eines Roboters beispielsweise. Im Lausitzer Seenland Klinikum war der Ausgangspunkt 2019 das Konzeptpapier eines Smart Virtual Hospital und eine daraufhin erstellte Machbarkeitsstudie. Ein entsprechender Projektantrag folgte, den der Regionale Begleitausschuss 2022 bestätigte. Im November 2023 überbrachte die Staatssekretärin den Fördermittelbescheid in Höhe von rund 6,5 Millionen Euro. Das Vorhaben wird im Rahmen des Investitionsgesetzes Kohleregionen durch die Bundesrepublik Deutschland und den Freistaat Sachsen gefördert.

Inzwischen sind die Vorbereitungen für den Umbau eines Saals zum Hybrid-OP und für den Einbau eines OP-Roboters in einem weiteren Saal angelaufen. Bis zum Umbaubeginn Anfang 2025 wird das System aber schon in einem bestehenden OP-Saal eingesetzt, und so gehört das roboterassistierte Operieren bereits heute mit zu den Standardangeboten des Krankenhauses.

Der Roboter bietet einen großen Mehrwert für die Qualität von Operationen. Das Robotiksystem wird vom Operateur gesteuert und ermöglicht diesem die Durchführung minimalinvasiver Eingriffe mit einer perfekten dreidimensionalen Sicht und höchster Präzision. Sehr komplizierte Eingriffe, wie zum Beispiel Tumor- oder rekonstruktive Operationen, erfolgten aus Sorge um die Qualität oftmals nicht mit herkömmlicher minimalinvasiver Technik. Der Einsatz des Robotersystems kann diese Grenze nun bei vielen OP-Verfahren überwinden.

Einer der Pioniere dieser neuen Technik ist Dr. Dr. med. Nasreldin Mohammed. Er leitet die Klinik für Urologie, Kinderurologie und onkologische Urologie und ist Instructor für roboterassistiertes Operieren. Nach vielen Jahren Erfahrung und Kursen am Uniklinikum Halle freute er sich darauf, am Lausitzer Seenland Klinikum mit dem roboterassistierten Operieren in die Zukunft zu starten. Der Schritt ins nächste medizinische Zeitalter ist nun gelungen.

Juliane Kirfe ist seit Dezember 2022 Geschäftsführerin
der Lausitzer Seenland Klinikum GmbH.

Stefan Körner | Fürst Pücklers Baum-Maschine

Eine Baum-Maschine habe er erfunden, meinte Fürst Hermann Pückler (1785–1871). Der Lausitzer schwor: »Es ist – und ich rühme mich dessen nicht ungern – wirklich die Wahrheit«, dass er für die Gestaltung seiner Gärten einen Wagen mit riesigen Rädern konstruieren und bauen ließ, der bis zu 22 Meter große Bäume bewegen konnte. Bis heute erzählt die Baum-Maschine im Branitzer Park von Innovation und Tatendrang, die karge Lausitz in eine grüne Kulturlandschaft zu verwandeln.

Pückler schuf mit der 660 Hektar großen Branitzer Parklandschaft sein »Meisterstück«, das als letzter Höhepunkt des Landschaftsgartens in die Kulturgeschichte einging. Dem Sandboden durch innovative Bodenverbesserung abgetrotzt, künstlich im »Erdbergwerk« modelliert und mit den herbeigekarrten Großbäumen entstand aus der »Wüste eine Oase«. Grundlegend war die Baumschule, die – bei Pückler durfte es immer etwas mehr sein – in Branitz als Baumuniversität bezeichnet wurde. 1846 gründete der Fürst diese zur Aufzucht charaktervoller Großbäume, um damit in kürzester Zeit den Park mit heute 30 000 Bäumen zu erschaffen.

Diesen zukunftsweisenden Tatendrang lebt die Stiftung Fürst-Pückler-Museum Park und Schloss Branitz. Die Branitzer Baumuniversität ist heute das stärkste Mittel gegen den Klimawandel, der auch historische Kulturlandschaften und deren Bäume elementar bedroht. Im Branitzer Außenpark entsteht daher seit 2021 auf zwölf Hektar Deutschlands größtes Projekt zum Erhalt historischer Gärten im Klimawandel. Dort werden einerseits an den Standort angepasste Baumkinder herangezogen. Andererseits wird hier über die gängige Praxis der bisherigen Parkpflege hinausgedacht, denn auch südliche Arten werden kultiviert, um die Parkbilder in zunehmender Dürre und Hitze erhalten zu können.

So künden Baum-Maschine und Baumuniversität von Pücklers Drive, der seinerzeit eine neue Kulturlandschaft schuf. Der »grüne Fürst« steht der Lausitz Pate für den möglichen Wandel dieser Region. Innovation und Tatendrang sind in Wahrheit Vergangenheit und Zukunft der Lausitz.

Stefan Körner ist Vorstand der Stiftung Fürst-Pückler-Museum Park und Schloss Branitz. Sein Team arbeitet seit 2021 an der Neuen Branitzer Baumuniversität, die als »Kompetenzzentrum für historische Gärten im Klimawandel« wirksame Anpassungsstrategien erarbeitet, umsetzt und weitergibt.

Wolfram Korr | Das Neuhaus wird neues Zuhause

Keine 150 Meter von unserem kleinen Haus in Lübben entfernt steht das Herrenhaus Neuhaus, im südlichen Stadtteil Steinkirchen. Ein wunderbarer und geheim-
nisvoller Ort: Das Gutshaus des Schriftstellers und Salonlöwen Ernst Freiherr von
Houwald mit dem herrlichen Garten war im 19. Jahrhundert ein Musenhof. Hier
waren Bettina und Achim von Arnim, Adelbert von Chamisso, Emanuel Geibel,
Friedrich de La Motte-Fouqué, Franz Grillparzer und Ludwig Tieck zu Gast. Heute
dämmert das kleine Schloss vor sich hin, ein paar Mieter und die Musikschule halten es notdürftig lebendig.

Ich lernte meine zukünftige Frau am Staatstheater Cottbus kennen, mein nächs-
ter Job führte mich zurück nach Berlin. Unser erstes Kind kündigte sich an, und wir
wollten beide nicht in einem städtischen Standesamt heiraten, wo sich Termin auf
Termin drängt. Unsere Wahl fiel auf das beschauliche Lübben, denn dort, so sagte
man, gebe es im Schloss mit dem Wappensaal ein schönes Trauzimmer. Nach der
Anmeldung hieß es: Der Wappensaal wird renoviert, die Trauung könne im Schloss
Neuhaus stattfinden. Am 24. Mai 2008 wurden wir im »roten Saal« getraut, bei herr-
lichem Wetter entstanden Hochzeitsfotos vor der riesigen knorrigen Eiche im Park
und auf der Terrasse. Ein Celloquartett spielte uns ein Ständchen, dann zogen wir
wieder von dannen, wohnten schließlich noch in Cottbus und Berlin.

Doch der Ort hatte es uns angetan, wir dachten darüber nach, nicht mehr zu
pendeln. War es Zufall oder Vorsehung, dass das einzige freie Haus zur Miete in
Lübben direkt neben dem Neuhaus liegt? Jetzt leben wir seit 16 Jahren Seite an
Seite mit dem Ort, an dem sich unsere Liebe manifestierte, und wenn sommers die
Klänge von Feiern und Hochzeiten aus dem Park zu uns herüberwehen, tauchen
immer wieder die schönen Bilder unserer Hochzeit auf. Nun hatten wir auch schon
das Glück, im »roten Saal« Konzerte zu geben, und wir arbeiten mit am Konzept, das
Kleinod und unser Herzensschloss wieder zum Musenhof werden zu lassen.

Wolfram Korr war erster Konzertmeister am Staatstheater Cottbus, danach
von Berlin aus künstlerischer Leiter der Kreuzfahrtlinie TUI Cruises. Seit 2020 leitet
er die Brandenburgischen Sommerkonzerte, das größte Musikfestival der Region.
Herrenhaus Neuhaus, Am Neuhaus 7, 15907 Lübben

Melanie Kossatz | **Der Spreewaldkahn**

Er ist ein traditionelles und handwerklich hergestelltes Verkehrsmittel, ohne das die Besiedlung und Bewirtschaftung des Spreewaldes nicht möglich gewesen wäre, denn er ist perfekt an die Gegebenheiten der unzähligen Spreewaldfließe angepasst – nicht zu breit und mit geringem Tiefgang. Heute ist der Spreewaldkahn noch viel mehr als das. Gemeinsam mit engagierten Kahnakteur*innen macht sich der Spreewaldverein e.V. seit 2020 auf den Weg, die Wertschätzung des Spreewaldkahns zu erhöhen. »Bau und Nutzung des Spreewaldkahns« sind schließlich seit 2023 als Immaterielles Kulturerbe von der Deutschen UNESCO-Kommission anerkannt. Nach dem Motto »Das Bewährte erhalten – den Wandel der Kulturform mitgestalten« wird vermeintlich Verborgenes wieder sichtbar gemacht und weiterentwickelt.

Bau und Nutzung haben sich im Wandel der Zeit verändert, und der Spreewaldkahn prägt das Erscheinungsbild unserer Kulturlandschaft: In den Anfängen war er eng mit der Kultur und Lebensweise der im Spreewald lebenden Sorben/Wenden verbunden und wurde als einziges Fortbewegungsmittel in allen Lebenslagen genutzt. Der Bau von Holzkähnen ist mit spezifischem Wissen und Fertigkeiten verbunden, über die nur noch eine kleine Gruppe von Handwerksbetrieben und Privatpersonen verfügt.

Heute steht der Spreewaldkahn, egal ob aus Holz oder Aluminium gebaut, für ein Lebensgefühl. Vor allem im Tourismus werden die Kähne zur Erkundung der Region vom Wasser aus genutzt. Der Spreewaldkahn wird im Heck stehend mit einem vier Meter langen Rudel gestakt. Viele der Fährleute haben das Kahnfahren von Kindesbeinen an gelernt. Mittlerweile werden auch Kurse angeboten, in denen Interessierte den Umgang mit dem Rudel lernen können. Der Spreewaldkahn ist lebendig und vielfältig! Er erfährt eine neue Wertschätzung, vor allem bei jüngeren Generationen. Die Nutzung floriert, wenn auch anders als ursprünglich gedacht. So wurde aus dem einstigen Nutzfahrzeug ein regional verankertes Lebensgefühl, das eine alte Tradition erhält und mit neuer Wertigkeit beseelt.

Melanie Kossatz, Geschäftsführerin und LEADER-Regionalmanagerin im Spreewaldverein e.V., ist #regionalengagiertmotiviert und bringt Menschen, Orte und Ideen zusammen. www.spreewaldverein.de

Enrico Kramer | Haithams Pratze

Wegen des Krieges in Syrien mussten Hunderttausende Menschen flüchten. Einer dieser Menschen landete 2015 in Cottbus. Haitham Al Hamidi war 20 Jahre alt, auf sich allein gestellt, sprach kein Deutsch und kam täglich auf dem Weg zum Sprachkurs an einer Cottbuser Taekwondo-Schule vorbei. Dass diese Teil seines Lebens, er Freund und Begleiter zahlreicher Menschen in der Lausitz werden und seine Liebe hier finden würde, war nicht abzusehen. Haitham nahm er seinen Mut zusammen und betrat die Taekwondo-Schule. Seitdem trainiert Haitham mit der Pratze, dem Schlagpolster. Seit 1990 ist diese als Utensil in der Cottbuser Kampfkunstschule zu finden, und Hunderte Personen haben schon mit ihr – und mir – trainiert.

Haitham begeisterte sich immer mehr für Taekwondo, das für ihn anfangs Neuland war. Schon bald hielt er nicht mehr nur die Pratze, sondern engagierte sich im Verein, verbesserte sein Deutsch. Auch seine sportlichen Fähigkeiten entwickelte er weiter: Beim AOK-Lauf 2017 belegte er über zehn Kilometer den zweiten Platz. Haitham ist hoch motiviert und holte die neunte und zehnte Klasse nach. Im Taekwondo erlangte er einen Gürtel nach dem anderen und setzte sich ein neues Ziel: Er wollte Taekwondo-Trainer werden, um jungen Menschen – egal welcher Herkunft – etwas Positives auf ihrem Weg mitzugeben. So absolvierte er, nur vier Jahre nach seiner Ankunft in Cottbus, seine Übungsleiter-Lizenz. Ein Jahr später wurde er beim Integrationspreis für sein Engagement gewürdigt und begann seine Arbeit in der Pflege. Heute arbeitet er in einem der größten Seniorenheime der Stadt Cottbus.

Haitham ist wie viele andere Menschen allein gekommen. Die Pratze hat ihm den Weg des Taekwondo gezeigt, der für ihn ein Erfolg geworden ist. Heute ist er zweifacher Vater, und seine Einbürgerung wurde 2024 offiziell bestätigt. Haithams Geschichte macht mich unendlich stolz. Ins Sportstudio sind viele schon als Kinder gekommen und zu verantwortungsbewussten Menschen geworden. Ob ich will oder nicht, ich bin Vorbild.

Enrico Kramer ist Vorsitzender des TAEGUK-Kampfsportschule e.V. in Cottbus und Inhaber des 6. Dan im Taekwondo. Beruflich verantwortet der Coach seit Jahren die Entwicklung von Menschen – nicht nur in der Lausitz.

Ulrike Kremeier | Grube mit Brikettfabrik

Als der Senftenberger Künstler Günther Wendt (1908–1971) im Jahr 1931 das Gemälde »Grube mit Brikettfabrik« schuf, nahm die Entwicklung des Tagebaus, der in der Lausitz seit Ende des 19. Jahrhunderts etabliert wurde, just an Fahrt auf.

Wendts Malerei, die konzeptuell und ästhetisch von der Neuen Sachlichkeit der 1920er-Jahre geprägt ist, wirft einen nüchternen Blick auf den Abbau der Braunkohle und deren Veredlung zu Briketts. Das Bild wird dominiert durch die Darstellung der Rohstoffförderung und -verarbeitung sowie deren Folgen für Landschaft und Natur. Es zeigt ein lebewesenfreies, geteiltes Gebiet, dessen sandig-beiges Erdreich an den meisten Stellen abgetragen und nur durch die Struktur des Kohleabbaus, nicht mehr durch eine natürliche, bewaldete Oberfläche gekennzeichnet ist. Ein Wald, der bereits in Teilen abgeholzt, in anderen Teilen zur Abholzung vorbereitet ist, trennt das Areal der Förderbänder und Industriearchitekturen mit hohen rauchenden Schloten von einem als Wiese identifizierbaren Terrain. Der sich durch das Grün schlängelnde Weg mündet in einer Siedlung mit intakten ländlichen Häusern. Jenes bäuerlich anmutende Dorf am rechten unteren Bildrand provoziert Spekulationen, dass die surreale Gleichzeitigkeit hier eine Fortsetzung erfahren könnte.

Das Bild ist Teil der Kunstsammlung des Brandenburgischen Landesmuseum für moderne Kunst, zu dem das Dieselkraftwerk Cottbus gehört, eine von Neuer Sachlichkeit und Spätexpressionismus beeinflussten Industriearchitektur der 1920er-Jahre. Hier und in Frankfurt (Oder) ist die mit 45 000 Werken weltweit größte und facettenreichste Sammlung Kunst aus der DDR angesiedelt, unter anderem mit Werken aller Ausdrucksformen, Stilrichtungen und Kunstszenen der DDR der Jahre 1950–1990. Ebenso wie nicht jedes Kunstwerk Eingang in eine Museumssammlung findet, wird nicht jeder seiner Funktion enthobene Industriebau als Museum enden. Jedoch wirken sowohl Kunst als auch Museen auf Identitäten, die über die (kritische) Reflexion von Vergangenheit in der Gegenwart eine Imagination von Zukunft (be)fördern (können).

Ulrike Kremeier ist Kunsthistorikerin und Direktorin des Brandenburgischen Landesmuseums für moderne Kunst.
Günther Wendt, Grube mit Brikettfabrik, 1931, Gouache auf Holz, 63,5 x 90,3 cm

Volker Krink | Plasmaschneiden made in Brandenburg

Seit mehr als hundert Jahren werden in Finsterwalde Spitzentechnologien für die metallverarbeitende Industrie entwickelt. Als Pionier der Schweißtechnik 1921 gestartet, sind wir, die Kjellberg Finsterwalde, heute bekannt für Schweißelektroden und -maschinen, kundenspezifische Sondermaschinen und vor allem seit mehr als 60 Jahren für leistungsstarke Plasmaschneidanlagen. Mit über 30 000 Grad Celsius heißem Plasma schneiden wir Metall bis zu einer Stärke von 160 Millimetern mit höchster Präzision. Mit diesem Know-how gehören wir heute zu den Weltmarktführern im Plasmaschneiden.

»Made in Brandenburg« ist für uns ein Qualitätsanspruch, den wir täglich leben. Ziel ist, das Image und die Wirtschaftskraft unseres Unternehmens und auch der gesamten Region zu stärken. Mit nahezu 100 Prozent Wertschöpfung in Brandenburg exportieren wir circa 80 Prozent unserer innovativen Produkte in alle Welt und machen Kjellberg damit zu einem Lausitzer »Hidden Champion« des Maschinenbaus.

In seiner Geschichte hat sich Kjellberg Finsterwalde schon mehrfach verändert und neuen Herausforderungen gestellt. Es wurden neueste Technologien entwickelt und in die Produktpalette aufgenommen. Auch für die Zukunft arbeiten wir an neuen Themen wie Nachhaltigkeit oder Dekarbonisierung. Daher haben für uns die intensive Netzwerkarbeit im ländlichen Raum und die Fachkräftesicherung oberste Priorität. Als Gesellschafterin der Kjellberg-Unternehmensgruppe übernimmt die Kjellberg-Stiftung mit Sitz in Finsterwalde dabei eine besondere regionale und gesellschaftliche Verantwortung gemäß ihrer Stiftungszwecke: Neben der kontinuierlichen Weiterentwicklung des Unternehmensstandorts fördert sie Initiativen und Einrichtungen für Kultur, Jugend und Sport, engagiert sich für die Ausbildung junger Menschen, fördert das praxisnahe Lernen von Schülern und setzt sich für den Erhalt von Arbeitsplätzen in der Region ein.

Volker Krink, Vorstandsvorsitzender der Kjellberg-Stiftung, begeistert sich als langjähriger »Kjellberger« seit 1980 für den technischen Fortschritt.

Andreas Kruscha | **Der Kescher**

Mit meiner Frau angeln gehen, zum Beispiel am Bernsdorfer Schmelzteich, auf eine Pose schauen und dann bei der ersten deutlichen Bewegung die Angel einholen, den Kescher greifen und einen Karpfen anlanden – das ist Anspannung und Entspannung zugleich, das ist eine meiner liebsten Freizeitbeschäftigungen. Angeln hat als Natursport und angesichts des zunehmenden Selbstversorgertrends einen enormen Zulauf, auch unter Frauen. Angelsport, Friedfisch- wie auch Raubfischangeln, kann im Lausitzer Seenland ausgiebig betrieben werden, von Einheimischen wie von Touristinnen und Touristen gleichermaßen.

Zum einen wurden und werden viele Tagebaurestlöcher mit Wasser gefüllt. Es entsteht ein immer größer werdendes Netz künstlich geschaffener Seen. Ein Großteil davon wird in den kommenden Jahren vom Bergamt für die Öffentlichkeit freigegeben und damit oftmals auch zum Angeln an Vereine verpachtet.

Zum anderen steht der Kescher für die alte Tradition der Karpfenzucht in der Lausitz. Seit mehr als 750 Jahren schon ist die naturnahe Karpfenerzeugung hier eine Einnahmequelle – insbesondere auch, weil man Karpfen an den Fastentagen essen durfte – und eine der wichtigsten Landnutzungen. So entstanden unter anderem die größten geschlossenen für die Karpfenzucht genutzten Teichgebiete Europas, die Oberlausitzer Heide- und Teichlandschaft und die Peitzer Teiche in der Niederlausitz – heute bedeutende Naturreservate.

Einige Jahrzehnte lang waren andere Fischarten beliebter, doch mit der weltweiten Überfischung und dem zunehmenden Wandel des Klimas wird die Karpfenzucht in der Lausitz einen Aufschwung erleben. Karpfen sind warmwassertolerante Fische. Die Auswirkungen des Klimawandels führen vielerorts zur Erwärmung der Seen und Teiche. Vor diesem Hintergrund können Lausitzer Karpfenzucht und regionale Karpfenrezepte in Zukunft eine Renaissance erleben. Zusammen mit Wolkenberger Weißwein vom Tagebauhang kann aus der Lausitz eine besondere Genussregion werden.

Andreas Kruscha ist Urlausitzer und Mitglied im Deutschen Anglerverein Lausitzer Bauunternehmen LBU e.V.

David Kube | Mit dem Heft in der Hand

In der Lausitz bin ich geboren und aufgewachsen. Meine Familie ist tief verwurzelt in diesem Landstrich und seiner Industrie. Mit der Boxberger Kraftwerkskulisse vor Augen bin ich groß geworden, und schon meine Großmutter hat in den Anlagen gearbeitet. Auch ich habe hier meine Lehre als Elektroniker für Automatisierungstechnik abgeschlossen und bin nun bei der LEAG als Techniker im Kraftwerk Boxberg tätig. Dieses Kraftwerk wird jedoch mit dem geplanten Kohleausstieg Geschichte sein. Stattdessen wird Neues entstehen. Die LEAG arbeitet mit Hochdruck an einem Zukunftskonzept für den Standort. Künftig sollen Lösungen aus den Bereichen Wasserstoff, Batteriespeicher und Gas die neue Energielandschaft der Lausitz prägen.

Die Umstellung auf grüne Technologien wie Wasserstoff ist für mich nicht nur von beruflichem Interesse, sondern ein Beitrag zur Zukunft der Lausitz. Diese Veränderungen sind eine Chance für alle in der Region. Jetzt gilt es sie zu ergreifen und sich einzubringen. Als 2023 erstmals die IHK-zertifizierte Weiterbildung zum Fachexperten für Wasserstoffanwendungen vom Qualifizierungsverbund QLEE angeboten wurde, habe ich deshalb nicht gezögert, mich – unterstützt von meinem Arbeitgeber – dafür anzumelden. Meine Schulungsunterlagen erinnern mich daran, dass wir in einem traditionsreichen Bergbaurevier wie der Lausitz die Kraft und die Möglichkeiten haben, unsere Zukunft als nachhaltige Energieregion selbst zu gestalten. Der Schlüssel dazu ist auch die Bereitschaft zum lebenslangen Lernen, zur Weiterbildung und zum Weitergehen. Meine inzwischen abgeschlossene Qualifizierung bedeutet für mich, dass ich hier nicht nur meinen Lebensunterhalt weiterhin verdiene, sondern auch aktiv an der Gestaltung einer lebenswerten Zukunft für die Region mitwirke. Auch wenn der Abschied von der Bergbau- und Kraftwerkshistorie mit Wehmut verbunden ist, bin ich mir sicher, dass der Stolz darüber, in den neuen Anlagen mit den neuen Technologien zu arbeiten, überwiegen wird.

David Kube ist Lausitzer und Fachexperte für
Wasserstoffanwendungen bei der LEAG.

Werner Lehmann | Hightech aus Bronkow

Die Attomol GmbH, gegründet 1997, entwickelt mit Hilfe innovativer Technologien In-Vitro-Diagnostika. Ein herausragendes Projekt ist der Lipten-Chip, der mittels unterschiedlich gefärbter Mikropartikel verschiedene Moleküle gleichzeitig nachweist. Die Entwicklung dieses Multiplex-Verfahrens begann im Jahr 2000 und erforderte eine spezielle Auswertungssoftware und ein neues Messgerät, das mit einem Mikroskop und automatisierter Bildverarbeitung arbeitet.

2002 gründeten Attomol und weitere Partner den Forschungsverbund BioResponse e.V., um diese komplexe Technologie zu entwickeln. Der Start der Zusammenarbeit wurde durch eine Förderung des Bundesforschungsministeriums unterstützt. Trotz großer Herausforderungen bei der Geräte- und Softwareentwicklung setzte Attomol die Entwicklung nach dem Projekt fort, übernahm die Verantwortung und konnte so die Messgeräte Caleidoscan 300 und Caleidoamp 100 erfolgreich fertigstellen.

Attomol initiierte dafür circa 30 Forschungsprojekte mit der Brandenburgischen Technischen Universität Cottbus-Senftenberg und anderen Partnern, die in mehr als 60 Publikationen und zehn Patente mündeten. Die Technologie fand nicht nur dadurch internationale Beachtung, sondern auch durch die von Attomol 2001 ins Leben gerufenen »International Biotech Innovation Days« in Senftenberg.

Für die nachhaltige Entwicklung von Attomol wurden weitere Investitionen in Lipten erforderlich, wo kürzlich das Gutsschloss modernisiert wurde, um dort einen Hightech-Standort aufzubauen. Lipten gehört zur Gemeinde Bronkow im Landkreis Oberspreewald-Lausitz. Die Zertifizierung der meisten Produkte nach In Vitro Diagnostic Regulation (IVDR) im Jahr 2024 sicherte Attomol und seinen 30 Mitarbeiterinnen und Mitarbeitern eine Zukunftsperspektive. Die Mitarbeiter von Attomol sind deshalb optimistisch, unsere Vision von einzigartigen Attomol-Produkten für die Multiplexdiagnostik auf der Basis einer eigenen Technologieplattform zu verwirklichen.

Werner Lehmann ist Geschäftführer der
Attomol GmbH in Bronkow.

120

Sebastian Lemke | Mit Energie wird es eine runde Sache

Als Finsterwalder bin ich ein Junge der Region, hier aufgewachsen, tief verwurzelt und mit dem FC Energie Cottbus groß geworden. Als leidenschaftlicher Fan habe ich die unglaubliche Entwicklung des Vereins ganz nah miterleben dürfen. Die großen Erfolge wie das Erreichen des DFB-Pokalfinales und der Aufstieg in die 2. Bundesliga 1997 bleiben unvergessen. Das Jahr, in dem alles begann.

Wäre das nicht bereits der Sensation genug gewesen, schaffte es die damalige Mannschaft sogar in die 1. Bundesliga. Genau aus dieser Zeit stammt mein Fußball mit den Original-Unterschriften jener Aufstiegsmannschaft aus der Saison 1999/2000. Insgesamt sechs Jahre im Oberhaus und 17 Jahre in den höchsten zwei Spielklassen zeigen, was mit harter Arbeit möglich ist. Der Ball ist ein Symbol für mich, ein Symbol für die Zukunft des FC Energie und auch für die Stadt Cottbus.

Cottbus ist eine Sportstadt, in der leider noch nicht alle realisiert haben, was möglich wäre, wenn die Kräfte gebündelt würden. Das so immens wichtige Wir-Gefühl hat über die Jahre hinweg auch gelitten, keine Frage. Es gab schwierige Zeiten, es sah finanziell düster aus, doch wir haben viel getan, um das zu ändern.

Zukunft ist das, was WIR daraus machen! Sich dabei immer der eigenen Vergangenheit bewusst zu sein, Tradition und Werte zu leben, ohne diese zu heroisieren, ist für uns der Weg. Die Zeiten haben sich geändert, die Anforderungen sind heute andere, und genau deshalb hat dieser Ball, der in meinem Büro zu finden ist, eine ganz besondere Bedeutung: Er verbindet Erlebtes mit der Gegenwart und ermutigt mich jeden Tag auf ein Neues zu versuchen, die Zukunft des FC Energie Cottbus als verantwortlicher Präsident zu gestalten sowie den Club nachhaltig und sportlich weiterzuentwickeln. Dann wird es eine runde Sache.

Sebastian Lemke ist geschäftsführender Gesellschafter der Handelshof Cottbus GmbH, ein erfolgreiches regionales Unternehmen in den Bereichen Stahl- und Werkstoffe, Elektrotechnik, Heizung und Sanitär sowie Bau- und Werkzeugtechnik. Zugleich ist er seit fast vier Jahren ehrenamtlicher Präsident des professionellen Drittligaclubs FC Energie Cottbus e.V.

Alexander Liesegang | Kurze Beine, große Vielfalt

Grün gelegen an der Spree und mitten in der Stadt. In unserem Kindergarten arbeiten wir mit einem halboffenen Konzept in fünf Gruppen und betreuen insgesamt 78 Kinder, die unter anderem aus Syrien, der Ukraine, aus Nigeria, Polen, der Mongolei, aus Deutschland und dem Iran kommen. Wir sind eine heterogene Gemeinschaft.

Die Ideen von Friedrich Fröbel und seinem Freund Fürst Hermann von Pückler-Muskau bereichern unsere pädagogische Arbeit. Bei Ausflügen und Führungen im Branitzer Park und durch die Stadt werden die kulturellen Besonderheiten der Region erlebbar. Wir identifizieren die Themen der Kinder durch Beobachtung und ergebnisoffene Gespräche und Runden. So wollen wir Bildungsprozesse in Gang setzen und inspirieren, um den Kindern die Möglichkeit zu geben, ihre Potenziale vielseitig auszuschöpfen. Denn wie schon Fröbel wusste, ist das kindliche Spiel keine Spielerei.

Besonders die Entwicklung zu eigenverantwortlichen Menschen mit kreativen Ideen und einem Gespür für die Belange ihrer Umgebung, von anderen Kindern, Erwachsenen und auch der Natur lernen, sind wichtige Eckpfeiler unserer Arbeit. So wird bei uns aus der Betreuungseinrichtung ein Bildungsort, wo Kinder nachhaltig forschen und lernen.

Im Jahr 2024 errichteten wir aus Spenden finanzierte Hochbeete und bezogen unsere Obstbäume mit ein. Den vornehmlich im urbanen Gebiet lebenden Kindern bringen wir so die Zusammenhänge von Jahreszeiten, Klima und den dazugehörigen Ansprüchen von Pflanzen, Tieren und Menschen näher. In unserem Kindergarten spüren wir schon heute, dass die Lausitz vielfältiger wird. Die Kinder spielen und lernen gemeinsam und erleben Vielfalt als ganz normal.

Alexander Liesegang, aufgewachsen in Cottbus, leitet den Fröbel-Kindergarten Fürst Pückler. Nach zehnjähriger Pause und Studium in Berlin zog es ihn mit seiner Familie zurück in die Lausitz. Der Kindergarten befindet sich in einer alten Villa in der Inselstraße in Cottbus.

Susi Liesegang | Literarischer Halt

Die Bücherbushaltestelle an der Koppatzer Hauptstraße ist nicht nur ein Blickfang, sondern auch ein Ort des Austauschs und der Bildung. Realisiert durch das Engagement der Dorfgemeinschaft und gefördert durch das Bundesprogramm »Demokratie leben« sowie aus der Konzessionsabgabe Lotto des Landes Brandenburg, verkörpert sie das Leitbild des Dorfes: Heimat, Zusammenhalt, Erleben.

Generationenübergreifend wurde das Projekt realisiert. Zuerst wurde der nicht mehr zeitgemäße Haltepunkt baulich instandgesetzt. Nach Renovierungen von Fassade, Dach, Fußboden und Fenstern durch regionale Handwerker erhielt das Wartehäuschen neue Sitzgelegenheiten, Regale und eine Fülle von Büchern. Die Fortsetzung des Engagements zeigte sich in der weiteren Verschönerung der Bushaltestelle. Koppatzer Kinder und Jugendliche gestalteten unter Anleitung des Graffitikünstlers Dirk Hiekel von der Firma Koenigson die Fassade mit einem Kunstwerk zur Bedeutung des Lesens und des kulturellen Austauschs.

Aber Achtung – Bus nicht verpassen! Wer mag, kann Bücher tauschen, abgeben, mitnehmen oder einfach nur die Wartezeit mit Lesen verbringen. Zwei neue Sitzbänke bieten Platz und Bequemlichkeit für alle schmökernden Reisenden. Gespräche über Gelesenes, die Ortschronik oder den neuesten Klatsch und Tratsch machen das Warten kurzweilig. Die Bücherbushaltestelle in Koppatz ist ein Symbol für den Wert von Bildung und Gemeinschaft und ein lebendiges Beispiel dafür, wie lokale Projekte eine Brücke in eine lebenswerte Zukunft bilden können. Die Resonanz im Dorf und unserer Gäste zeigt, dass solche Initiativen das Gemeinschaftsgefühl stärken und die Lebensqualität steigern.

Susi Liesegang nutzt regelmäßig den ÖPNV und schmökert beim Warten gern in den Büchern. Als ehrenamtliches Mitglied des Fördervereins Spielplatz Koppatz e.V. war sie an der Instandsetzung und der Fassadengestaltung mit ihren zwei Kindern beteiligt.

Marcel Linge | Mit dem »Startup Mobil« die Lausitz erfahren

Das »Startup Mobil« hat sich als integraler Bestandteil des Unternehmergeistes in der Lausitz etabliert. Unter der Marke »Startup Lausitz« firmierend, bringt das Mobil relevante Akteure des Gründungsgeschehens zusammen und bietet ein starkes Netzwerk, das Gründerinnen und Gründer in der Region unterstützt.

Das »Startup Mobil« durchquert die Lausitz, um direkt vor Ort Beratungen anzubieten, und informiert mit seiner digitalen Wanderausstellung über erfolgreiche lokale Gründungen. Mit bisher mehr als 10 000 gefahrenen Kilometern und Besuchen in mehr als 100 Ortschaften hat das Mobil eine breite Palette an Veranstaltungen und Orten erreicht, darunter Messen, Schulprojekttage, Coworking Spaces, Festivals und kommunale Events. Ziel der Einsätze ist es, die Bevölkerung für das Thema Existenzgründung zu sensibilisieren und zu inspirieren. Mit dem »Startup Mobil« wird ein niedrigschwelliges Angebot geschaffen: Es bietet einen einfachen Zugang zu Beratung und Unterstützung für Existenzgründungen und fördert gleichzeitig das Miteinander für den wirtschaftlichen Erfolg der Region.

Mit dem »Startup Mobil« ist die Star*Parade gewachsen, um den Unternehmergeist in der Lausitz zusätzlich zu fördern. Die Star*Parade bringt brandenburgische und sächsische Multiplikatoren in einem breit angelegten Wettbewerb zusammen, bietet eine Plattform für Netzwerkabende, macht Gründungsvorbilder sichtbar und sensibilisiert die Gesellschaft für Unternehmertum. Hierdurch wird nicht nur die Attraktivität der Lausitz für neue Unternehmen gesteigert, sondern auch ein Bewusstsein für die Bedeutung von Unternehmensnachfolgen geschaffen.

Startup Lausitz setzt mit dem »Startup Mobil« und der Star*Parade wichtige Akzente, um die Kultur der Selbständigkeit in der Lausitz zu entwickeln und zu festigen, was essenziell ist, um langfristig wirtschaftliches Wachstum und Wohlstand in der Region zu sichern.

Marcel Linge leitet das Team Startup Lausitz,
das das »Startup Mobil« entwickelt hat.
www.startuplausitz.de

Stefanie Melcher | Die Krabatmühle

Tief in der Lausitz, einem Landstrich, der von sorbischen Siedlungen und alten Sagen durchwoben ist, lädt die schwarze Mühle in Schwarzkollm zu einem unvergleichlichen Abenteuer ein. Jahrzehntelang formte der Braunkohleabbau diese Region und prägte ihre Geschichte mehr als die Jahrtausende zuvor. Hoyerswerda, einst eine blühende Planstadt industriellen Wohnungsbaus, erlebte nach 1990 einen tiefgreifenden Wandel, als viele junge Menschen ihr Glück in den westlichen Bundesländern suchten. Inmitten dieses Umbruchs und der Neuentdeckung erwuchs in Schwarzkollm eine mutige Vision: die Krabatmühle. Inspiriert von der Sagengestalt Krabat, dem sorbischen Faust, bekannt aus den Werken von Jurij Brězan und Otfried Preußler, sollte dieser Ort zu einem Zentrum der Begegnung und des kulturellen Austauschs werden.

Trotz anfänglicher Rückschläge – abgelehnte Fördermittel und gescheiterte Projekte – ließ sich die Gemeinschaft nicht beirren. Unter der Leitung der engagierten Gertrud Winzer entstand ein Erlebnisort, der die Krabatsage lebendig hält und der Region neue Bedeutung schenkt.

Heute begeistert die Krabatmühle mit ihrem Ensemble aus traditionellen Lehmgebäuden, der mystischen Schwarzen Mühle, dem Mühlenturm, der denkmalgeschützten Scheune, einem Brotbackhaus, einem Restaurant und gemütlichen Ferienhäusern Besucher aus aller Welt. Hier entdeckt man sorbisches Brauchtum, genießt die Schönheit gelebter Zweisprachigkeit und kann sich in die Welt der alten sorbischen Legenden vertiefen. Die Region erlebt eine Renaissance, getragen von der Rückkehr vieler und der Transformation ehemaliger Braunkohlegruben in idyllische Badeseen, die die Landschaft neu beleben. In Schwarzkollm spürt man den Zauber: Haltet zusammen, glaubt an euch – die Botschaften der Krabatsage sind zeitlos und inspirierend.

Stefanie Melcher leitet das Referat »Information und Kommunikation« des Bundesinstituts für Bau-, Stadt- und Raumforschung am Kompetenzzentrum Regionalentwicklung in Cottbus. Sie ist Rückkehrerin und lebt in einem Ortsteil von Hoyerswerda.

Kamal Miah | Die Schönheit des Wärmetauschers

Wer unser Fachgebiet an der Brandenburgischen Technischen Universität als Gast besucht, bekommt meist einen Wärmetauscher in die Hand. Mit ihm zeigen wir, dass unsere Forschung im Bereich der Füge- und Schweißtechnik greifbar ist und im Ergebnis sehr ästhetisch sein kann. Durch das additive Fertigen (3D-Druck) optimaler Strukturen entsteht etwas Besonderes. Triple-Periodic-Minimal-Surface(TPMS)-Topologien, die den Raum in zwei disjunkte, aber ineinander verflochtene Kanäle unterteilen, markieren einen revolutionären Schritt in der Wärmetauschertechnologie. Die bahnbrechenden Oberflächen wurden erstmals 1865 beschrieben und 1883 von E. R. Neovius weiterentwickelt. Heute ermöglichen TPMS-Strukturen kompakte und effiziente Wärmetauscher, deren Übertragung im Vergleich zu herkömmlichen Modellen um bis zu 100 Prozent höher liegt.

Dank modernster Software- und Additivfertigungstechnologien wird die Herstellung dieser Strukturen möglich. Additive Fertigung (AM) hat sich als wegweisender Prozess erwiesen, bei dem Bauteile schichtweise aus 3D-Modellierungsdaten gefertigt werden. Das selektive Laserschmelzen (SLM) hat sich als äußerst effektive Methode für komplexe und filigrane Teile erwiesen, insbesondere für Anwendungen in der Luft- und Raumfahrt sowie der Medizinindustrie. Diese Technologie ermöglicht die Verwendung von hochwärmeleitfähigen Legierungen wie Aluminium und reinem Kupfer (Cu), um selbst die anspruchsvollsten Strukturen umzusetzen.

Die Entdeckung und Entwicklung dieser TPMS-Strukturen stellt einen Meilenstein nicht nur für die Wärmetauschertechnologie dar, sondern auch für die Entwicklung kompakterer, effizienterer und nachhaltigerer Energiesysteme. Vielleicht ist es kein Zufall, dass wir gerade an der BTU daran intensiv forschen und im Projekt SpreeTec neXt diese Erkenntnisse mit Unternehmen teilen.

Kamal Miah beschäftigt sich mit der additiven Fertigung (SLM) und ihrer Anwendung für die effiziente Entwicklung von Wärmetauschern. Er ist akademischer Mitarbeiter am Fachgebiet Füge- und Schweißtechnik der Brandenburgischen Technischen Universität Cottbus-Senftenberg.

Matthias Nattke | Fliegende Sensornetze im Drohnenschwarm

Das Dorf meiner Großeltern, Groß Lieskow, wurde 1983 komplett devastiert. Sein Ursprung liegt heute am Boden des Cottbuser Ostsees. Ein Teil meiner Familie arbeitete im Tagebau Cottbus-Nord und im Kraftwerk Jänschwalde. Den Weg der verstromten Kohle verfolge ich seit Jahren. Schon lange vor den Gesetzen zum Kohleausstieg spürte ich den Wandel in der Lausitz. 2018 setzte die Abschaltung von Block F im Kraftwerk Jänschwalde 500 Kraftwerker in Bewegung. Ich stand dabei, als sie sich für den Erhalt der regionalen Energieindustrie einsetzten. Freunde orientierten sich beruflich um. In meiner Heimatstadt Peitz wurde um Ideen gerungen. Vielen Menschen wurde klar, dass die Forschung an der Brandenburgischen Technischen Universität eine zentrale Rolle für die Zukunft spielen wird.

Mein Studium im Bereich Informatik und Medientechnik führte mich nach Cottbus, Düsseldorf und Schweden. Ab 2020 promovierte ich zum Thema Drohnenschwarm. Im Innovationscampus Elektronik und Mikrosensorik Cottbus (iCampµs) begleite ich die internationale Nachwuchsforschergruppe UPWARDS. Wir betrachten Drohnen als fliegende Rechensysteme, vernetzen und koordinieren sie dezentral. Unterstützt durch Professoren wird an der BTU, dem Leibniz-Institut für innovative Mikroelektronik und dem Fraunhofer-Institut für Zuverlässigkeit und Mikrointegration (IZM) die Zukunft der Drohne in neuen Szenarien greifbar. Der Sportplatz der BTU dient als kooperatives Testgebiet mit einem 5G-Campus-Netz. Die aktuelle Entwicklung der Drohnentechnik-Infrastruktur erfüllt mich mit Stolz und Dankbarkeit. Der Flugplatz Neuhausen wird inzwischen für die Drohnenentwicklung umgebaut. Enthusiasten wie die SCI_Dronix und Kooperationen mit regionalen Unternehmen zeigen vielfältige Potenziale. Die Vernetzung nach Polen, in die Schweiz und nach Frankreich spricht für unsere Expertise. Ich wünsche mir, dass wir gemeinsam die Kluft zwischen Vergangenheit und Zukunft überbrücken. Für die Zukunft möchte ich dauerhaft aktiv als Wissenschaftler in der Region wirken.

Matthias Nattke ist Informatiker und begleitet im Innovationscampus Elektronik und Mikrosensorik Cottbus (iCampµs) der Brandenburgischen Technischen Universität die Nachwuchsforschergruppe UPWARDS.

134

Eberhard Nicke | Hochtemperaturwärmepumpe

Mit der Gründung des Instituts für CO_2-arme Industrieprozesse am Deutschen Zentrum für Luft- und Raumfahrt in Cottbus und Zittau stand die Aufgabe, Hochtemperaturwärmepumpen für die industrielle Anwendung zu entwickeln, die weltweit einzigartige Senkentemperaturen erreichen. Dazu gehört auch die experimentelle Demonstration einer Technologie, mit der die Prozesswärmeversorgung in der Industrie dekarbonisiert werden kann. Bereits in der Anfangsphase der Institutsgründung wurde ein technisches Konzept für eine Hochtemperaturwärmepumpe basierend auf dem Brayton-Prozess mit dem natürlichen Kältemittel Luft entworfen und die technische Umsetzung gestartet. Die Idee für die »kleine« Pilotanlage CoBra war geboren.

So weit wie möglich wurde auf am Markt verfügbare und bewährte Komponenten und Teiltechnologien zurückgegriffen. Das Ziel war, die Versuchsanlage in provisorischer Umgebung in Betrieb zu nehmen, ein umfangreiches Versuchsprogramm abzuarbeiten und damit Senkentemperaturen von über 250 Grad Celcius zu demonstrieren.

Das wachsende Institutsteam studierte parallel mögliche industrielle Anwendungsfälle. Verschiedenste industrielle Trocknungsprozesse (Papier, Lebensmittelverarbeitung und viele andere) sind Bereiche, in denen die Prozesswärmeversorgung relativ schnell mit einer Wärmepumpe wie der CoBra umgerüstet werden kann. Mit den Erkenntnissen und Erfahrungen aus der Entwicklungs- und Designphase erarbeiteten wir detaillierte Konzepte für Industriefirmen in zahlreichen Sektoren und konzipierten gemeinsam mit den Partnern die Produktionsumstellungen.

Ich schaue auf diese Arbeit mit Genugtuung, weil wir gemeinsam gezeigt haben, dass wir technologisch die Dekarbonisierung in den Griff kriegen können. Die industrielle Umsetzung muss gestartet werden. Das Institutsteam ist dazu bereit und vorbereitet.

Eberhard Nicke verfügt über mehr als 30 Jahre Erfahrung in der Turboverdichterforschung und leitete fünf Jahre lang die Abteilung Hochtemperaturwärmepumpen am Institut für CO_2-arme Industrieprozesse im Deutschen Zentrum für Luft- und Raumfahrt.

Anja Nixdorf-Munkwitz | Auf dem Drehstuhl durch die Zeit

Drehstuhl, der: Eisen und Holz, ur-authentisch, kein Vintage-Nachbau, definitiv Industriekultur-Kult. Ein Stuhl, dessen Wanderungen durch das Braunkohlekraftwerk VEB Friedensgrenze ich mir so vorstelle: 1950er-Jahre: Abteilung technische Zeichner; 1960er: Meisterwerkstatt; 1970er: Direktionsetage; 1980er: ins Archiv verschoben; 1990er: genutzt für die Vereinsarbeit; 2000er: Museumsstück, später Projektbüromöbel; seit 2020: mein persönliches Stück Geschichte.

Industriekultur heißt bewahren, dokumentieren, erforschen, erklären und vor allem kontextualisieren. Wir stellen Beziehungen zur Sozial- und Zeitgeschichte her, schaffen lebensweltliche Zugänge und legen Entwicklungspotenziale für die Zukunft frei. Ein Stuhl hilft mir, dies zu veranschaulichen: Er ist in technischen Zeichnungen im Archiv dokumentiert, bereichert als Objekt die Sammlung in Denkmalen, und viele persönliche Geschichten von Zeitzeugen verbinden sich damit. Erwerbsarbeit prägt unsere Alltagskultur, über sie lassen sich Zeitläufe und Transformationen erklären.

Mein Stuhl, mein Objekt der Industriekultur, war Arbeitsplatzausstattung. Damals und heute. Stunden der Konzeptarbeit habe ich darauf verbracht, Sitzungen geleitet und Diskussionen moderiert. Als das Museum Kraftwerk Hirschfelde geschlossen wurde, bekam ich den Stuhl geschenkt. Seitdem begleitet er mich bei den verschiedenen Projekten und Stationen meiner Arbeit. Der Landesverband Industriekultur in Sachsen e.V., den ich nun mit aufbaue, ist Netzwerkknoten, Konzeptentwickler und Gesprächsplattform für viele historische Bezüge der Lausitz. Wir arbeiten an der Verbindung von Vergangenheit, Gegenwart und Zukunft, die sich auch in den Funktionsbeziehungen zwischen hochspezialisierten Prozessen und Alltagsgegenständen manifestiert.

Industriekultur ist Teil der Lausitzer DNA. Was sie bedeutet, müssen wir immer wieder neu herausarbeiten und interpretieren. Der Stuhl aus dem Kraftwerk ist in seinem klaren Design und seiner robusten Konstruktion ein gutes Beispiel dafür.

Anja Nixdorf-Munkwitz ist Expertin für Industriekultur, Stiftungssachverständige und Projektentwicklerin mit Sitz in Görlitz.

Lucas Ost | Hochdrucktanks für Wasserstoff

Wasserstoff ist ein Energieträger der Zukunft. Grüne Energie aus Wind und Sonne wird in Wasserstoff umgewandelt, dieser unter hohem Druck gespeichert und bei Bedarf rückverstromt oder in der Industrie verwendet. Für Speicherung und Transport des Gases sind Tanks mit einer hohen gravimetrischen Effizienz notwendig. Diese beschreibt das Verhältnis aus der Menge des beim Betriebsdruck speicherbaren Wasserstoffs und der Eigenmasse der Tanks. Monolithische Tanks, also Speicher aus einem Kesselstahl, schneiden dabei schlecht ab. Wesentlich besser geeignet sind Tanks mit einer inneren Hülle, dem Liner, aus einem Werkstoff mit einem hohen Widerstand gegen Wasserstoffpermeation und einer äußeren Hülle aus kohlenstofffaserverstärktem Kunststoff (CFK). Besteht der Liner aus einem Kunststoff wie Polyethylen oder einem Polyamid, spricht man von Typ-4-Tanks. Das Polymer kann große Dehnungen ertragen, sodass die lasttragende Hülle aus dem Hochleistungswerkstoff CFK maximal ausgelastet wird.

Das Fachgebiet Polymerbasierter Leichtbau an der Brandenburgischen Technischen Universität entwickelt zusammen mit dem Fraunhofer-Institut für Angewandte Polymerforschung (IAP), Forschungsbereich Polymermaterialien und Composite (PYCO), ebensolche Hochdrucktanks des Typs 4. Holger Seidlitz hat die beiden Einrichtungen zu einem Zentrum der Leichtbauforschung in der Lausitz etabliert. Im Strukturwandelprojekt SpreeTec neXt, dem Forschungsvorhaben Mukran des Wasserstoff-Leitprojekts TransHyDE (beide finanziert durch das BMBF) und in der IAP-Gruppe ZenaLeb wird neben der Effizienz die Sicherheit der Tanks ins Auge gefasst. Mittels gedruckter Elektronik überwachen Sensoren die Belastung der Tanks während der gesamten Lebensdauer. Die additive Fertigung erlaubt eine große Flexibilität bei der Gestaltung der elektronischen Komponenten. So lassen sich Sensoren für verschiedene Anwendungsfälle und Positionen in der lasttragenden Hülle realisieren, die den Aufbau des CFK nur minimal beeinflussen.

Lucas Ost hat Bionik an der Westfälischen Hochschule in Bocholt und Maschinenbau mit der Vertiefung Leichtbau an der Brandenburgischen Technischen Universität Cottbus-Senftenberg studiert. Er betreut am Institut für Leichtbau und Wertschöpfungsmanagement und am Fachbereich PYCO des Fraunhofer-IAP das Forschungsprojekt Mukran.

Carmen Petke | Heute druck ich, morgen back ich

»Koppatz – einfach das geilste Dorf!«, prangte auf einer Tasse bei meinem ersten Dorffest 2018. Ich heiße Carmen Petke und bin mit meiner Tochter und meinem Partner in dieses Dorf bei Cottbus gezogen. Inzwischen sind wir vier Personen und Teil der Dorfgemeinschaft. Wie Dorfleben und Ehrenamt gelebt werden, zeigte sich schnell. Bereits vor dem Umzug kam der Spielplatzverein auf uns zu. Dieser wurde durch ortsansässige Familien gegründet, um das Dorf für ihre Kinder besser machen. Heute sind auch wir im Verein und basteln mit vielen an unserer Dorfgemeinschaft. Vom Spielplatzfest über Gruppenausflüge bis zur Weihnachtsfeier – an alle wird gedacht und alle machen mit. Ohne Ehrenamt und die Motivation jedes Einzelnen geht nichts.

Als 2023 die Tage kürzer und kühler wurden, planten wir die Vorweihnachtszeit. Und dieses Jahr war klar, es sollten individuelle Plätzchen für das ganze Dorf werden. Die Idee war geboren: Koppatz-Kekse! Zur Umsetzung holte ich mir Unterstützung durch das colab in Cottbus. Ich wusste, dass man dort fast alles 3D-drucken kann. Mit YouTube und der Beratung der Mitarbeiter erstellte ich die erste druckfähige Datei. Die Keksausstecher-Prototypen wurden. Mit kleinen Verbesserungen hatten wir im zweiten Anlauf unseren einmaligen Koppatz-Keksausstecher. Seitdem heißt es: Das Dorf backt! In zahlreichen Familien kam das Backutensil zum Einsatz. Es wurden fleißig Koppatz-Kekse gebacken. Pünktlich zu Nikolaus führten die Kinder im Dorf ein Kasperletheater für die Rentner auf. Wochenlang wurde geprobt, um den Dorfältesten eine Freude zu machen. Im Stück klauten die Räuber der Oma die frisch gebackenen Kekse. Nach dramatischer Rettung und Happy End verteilten die Kinder stolz ihre selbstgebackenen Koppatz-Kekse.

Der Keksausstecher ist ein kleiner Teil dessen, was unser Dorf prägt: eine Atmosphäre von Fürsorge und Solidarität. Mit ihm führen wir Traditionen fort und schaffen Anlässe, die alle Altersgruppen zusammenbringen. So verbindet der Ortsname uns alle, und der Spielplatzverein ist – einmal mehr – eine Säule der Dorfgemeinschaft.

Carmen Petke ist engagierte Mama, Gärtnerin, Lausitzerin und Assistentin im Referat Strukturwandel der Brandenburgischen Technischen Universität Cottbus-Senftenberg.

Julia Raunick | Im Lausitz Science Park durchstarten

Dieses kleine Stück Asphalt stammt von der Start- und Landebahn eines ehemaligen Militärflugplatzes in Cottbus-Nord. Es trägt Spuren von vergangenen Zeiten, als hier Flieger starteten und landeten. Seit 2003 ist der Flugplatz geschlossen, die Flugzeuge sind verschwunden; neue Technik in Form von Photovoltaikmodulen hat die Start- und Landebahn erobert. Auf dem weitläufigen Gelände drum herum tummeln sich heute vereinzelt Menschen mit ihren Hunden, schlagen Hasen Haken, lernen junge Leute Autofahren, fliegen Gleitschirme und Drachen. Eine Fläche im Dornröschenschlaf. Doch die Zukunftspläne sind gemacht. Hier, am nordwestlichen Cottbuser Stadtrand, in direkter Nachbarschaft zum Zentralcampus der Brandenburgischen Technischen Universität, wird in den kommenden Jahren eines der herausragenden Vorhaben der Strukturentwicklung entstehen: der Lausitz Science Park (LSP). Ein im Endausbau 420 Hektar großer Wissenschafts- und Technologiepark mit internationaler Strahlkraft. Ein inspirierender Raumgeber für Innovation und Vernetzung.

Unter Federführung der BTU und gemeinsam mit Stadt und Land sowie Partnern aus Wissenschaft, Wirtschaft und Gesellschaft entwickeln wir ein weltoffenes Zukunftsquartier. Dafür holen wir die verschiedensten Talente und Unternehmen an Bord. Zusammen finden wir Antworten auf die großen Fragen unserer Zeit. Mit Mut, Vertrauen und Selbstbewusstsein schaffen wir mit dem Lausitz Science Park einen Freiraum, der verbindet: Forschung und Wirtschaft. Starke Unternehmen und aufstrebende Start-ups. Menschen, die hierbleiben, und Menschen, die neu ankommen. So wächst eine lebendige Innovationslandschaft mit tausenden Zukunftsjobs. Mit einer guten Verkehrsanbindung – eng verbunden mit der Region. Ein anziehender Ort zum Leben, Arbeiten und Wohlfühlen. Ein Freiraum der Möglichkeiten. Wo wir alle zusammenkommen, um die Zukunft zu gestalten.

Der Asphalt der alten Start- und Landebahn wird vielleicht irgendwann weichen müssen. Doch schon heute nehmen hier Vorstellungen Anlauf, damit aus Mut, Entschlossenheit und Kooperationsbereitschaft in naher Zukunft etwas Neues entsteht.

Julia Raunick freut sich, als gebürtige Cottbuserin am Strukturwandel in ihrer Heimat aktiv mitwirken zu können, und ist in der Projektgruppe »Lausitz Science Park« zuständig für die Kommunikation.

Enrico Rein | Mit leistungsstarker Klärung zum grünen Industriepark

Im August 2025 wird der Industriepark Schwarze Pumpe (ISP) 70 Jahre alt. Ein Ort, an dem schon zu DDR-Zeiten Energie, Gas und Kohle in dem damals weltweit größten Kohleveredlungszentrum der Welt produziert wurden und zur Wende 17 000 Menschen arbeiteten. Nach 1990 kam der große Strukturbruch mit Arbeitslosigkeit, Verlust von Wertschöpfung und Wirtschaftskraft. Heute ist die Herausforderung, aus einem kohlebasierten ein grünes, CO_2-neutrales Industrie- und Wirtschaftszentrum zu machen.

Die Standortentwicklungsgesellschaft ASG Spremberg GmbH hat seit 2002 mehr als 300 Millionen Euro investiert. Getragen wird die ASG von der Stadt Spremberg (Brandenburg) und der Gemeinde Spreetal (Sachsen). Zu den großen Investitionen gehören Abwasserbehandlungsanlagen (ABA), die eine Reinigungsleistung in der Größenordnung einer Großstadt mit 750 000 Einwohnern erbringen. Die ABA II wurde 2020 erweitert, mit 75 Millionen Euro die größte Einzelinvestition aus öffentlicher Hand.

Diese Anlage kann im Jahr fünf Millionen Kubikmeter Abwasser behandeln und erzeugt im Klärprozess durch die dort zum Einsatz kommende Biologie 4,4 Millionen Normkubikmeter Biogas. Es werden nicht nur konventionelle Abwässer aus den Industrien des ISP gereinigt, sondern auch ein Sonderabwasser aus den östlichen Sanierungsgebieten, das mit dem toxischen Stoff Phenol versetzt ist und aus DDR-Altlasten herrührt. Damit helfen wir der Lausitzer und Mitteldeutschen Bergbauverwaltungsgesellschaft (LMBV), ihren Sanierungsverpflichtungen in Schwarze Pumpe nachzukommen.

Im Rahmen eines im Strukturstärkungsgesetz definierten Bundesinvestitionsprojekts wird derzeit ein Forschungs- und Demonstrationsfeld für innovative Klärwerkstechnik für Industrieabwasser am Standort errichtet. Damit unterstützen wir die Sicherung der künftigen Abwasseraufkommen und somit die Weiterentwicklung zu einem nachhaltigen und innovativen Industriepark der Zukunft.

Enrico Rein ist seit 2017 Standortentwickler, Industrieparkmanager, Wirtschaftsförderer im Industriepark Schwarze Pumpe.

© Valentina Troendle

146

Hanka Rjenšojc | **Jadne źurja, dwóje źurja, wjele źuri**

Anne-Kathrin Rensch | Eine Tür kommt nicht allein

Mě se wjelgickan spódoba, až w dolnoserbskej rěcy słowo »źurja« njeeksistěrujo ako gramatiski singular. A gaž słyšyš słowo »źurja«, njamóžoš byś wěsta, su-li jadne źurja měnjone abo wěcej. W nimskej rěcy mysliš se pśecej jano na jadne »źurja«, ako wótwóriju śi nowe móžnosći. We serbskej rěcy pak móžo byś wěcej źuri měnjonych!

Pśez źurja do Zaźewic dwóra w Dešnje, rěcnego gnězda projekta ZORJA, njejsom stupiła jano do jadnogo swěta, ale – móžoš groniś pśez žedne źurja – do wjelich swětow: do rěcy, k luźam, do kultury, muziki a zgromadnosći. K tomu słuša teke póglědnjenje do serbskeje zajźonosći, ako jo dało pśistup k tužycy, tšuśam a bólosćam. Ale wjele wažnjejše su a wóstanu źurja k wjaselu, kreatiwnosći, mócy a identiśe.

Pó źaseś mjasecach ako stipendiatka pla ZORJOW su te źurja – symbol za wšo to, což som zwjercha wobspomnjeła – wordowali žěl mójeje paršony. Jich šarněr kyrcy na swój wósebny part pśi wótcynjanju a ten zuk zni něnto we mnjo hejnak dopomnjeśe ze źiśetstwa. Pśistup k njomu wóstanjo cas žywjenja.

Mir gefällt es sehr, dass das Wort »Tür« in der niedersorbischen Sprache ausschließlich in der grammatikalischen Mehrzahlform existiert. Das im Deutschen oft bemühte Bild einer (!) sich durch neue Möglichkeiten öffnenden Tür steht im verwirrenden Sprachkontrast zum niedersorbischen Wort »źurja«, bei dem man nicht auf Anhieb erkennt, ob eine Tür oder mehrere gemeint sind.

Durch die Tür zum Zaźewic-Hof in Dissen, zum ZORJA-Sprachnest, konnte ich mir nicht nur »die« eine, sondern mehrere Welten erschließen. Zur Sprache, zu Menschen, zu Kultur, Musik und Gemeinschaft. Außen vor blieb auch nicht der Blick in die sorbische/wendische Vergangenheit, der einen Zugang zu Verlust und Schmerz geöffnet hat. Maßgeblich aber bleiben die Türen zu Freude, Kreativität, Kraft und Identität.

Nach zehn Monaten als Stipendiatin bei ZORJA ist diese Tür als Symbol für all das ein Teil von mir geworden. Das unverwechselbare Knarren der Aufhängung beim Öffnen ist abgespeichert wie eine Kindheitserinnerung. Der Zugang dazu bleibt ein Leben lang erhalten.

Hanka Rjenšojc žěła na Serbskem instituśe a jo do togo dolnoserbsku rěc we imersiwnem rěcnem projekśe ZORJA wuknuła.

Anne-Kathrin Rensch arbeitet am Sorbischen Institut und hat zuvor Niedersorbisch im immersiven Sprachprojekt ZORJA gelernt.

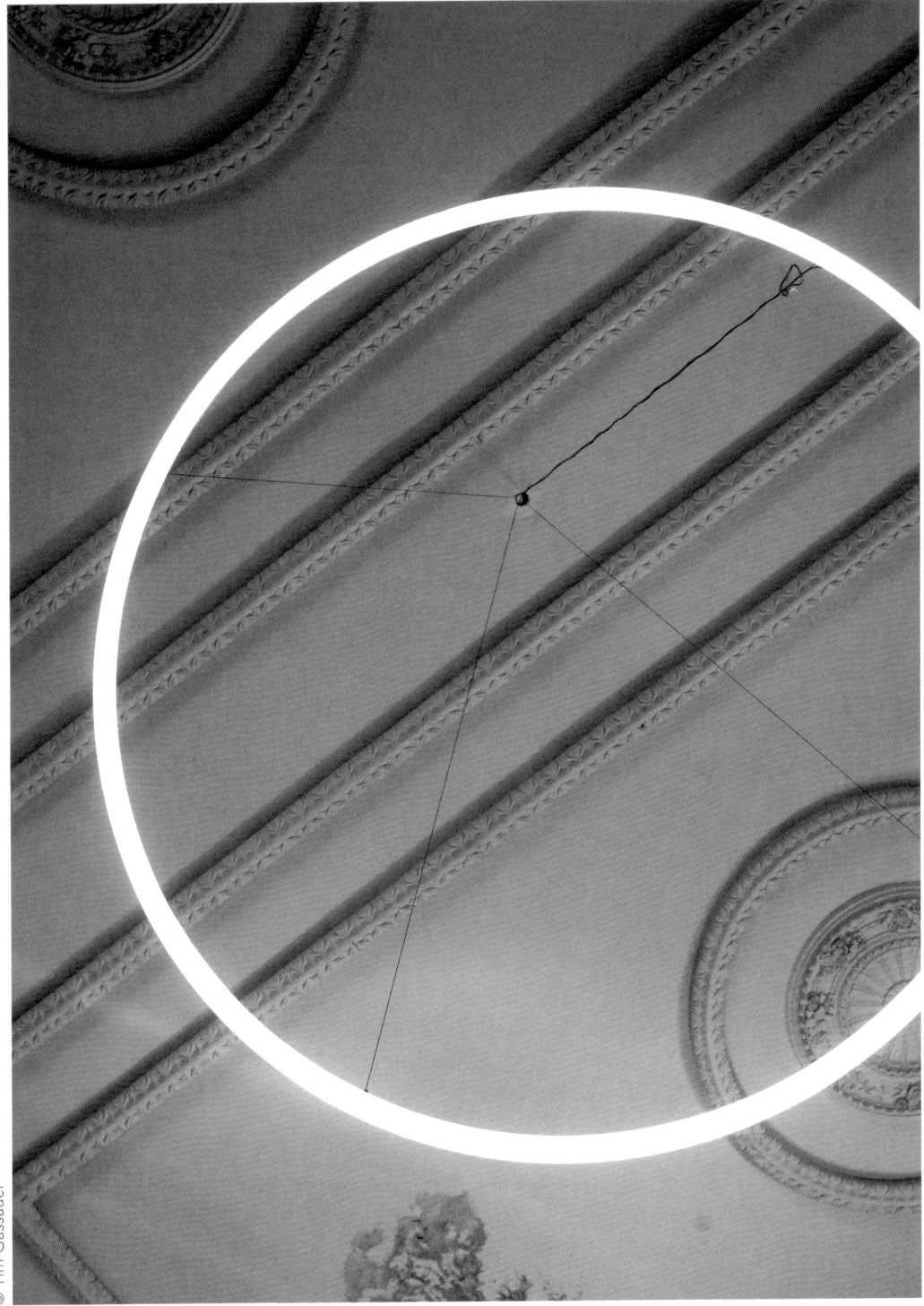

148

Stefan Restemeier | Funktionales Lichtdesign

TheO ist ein abstrahierter Kronleuchter auf sparsamer LED-Basis. Die LED-Ring-leuchte ist Alltagsgegenstand und Designobjekt zugleich. Mit TheO haben wir un-seren Anspruch verwirklicht, eine besonders schlanke und filigrane Pendelleuchte herzustellen. Aufgrund des minimalistischen Designs bietet TheO maximalen ge-stalterischen Spielraum und eröffnet ungeahnte Möglichkeiten, die Aufmerksam-keit zu lenken.

Im Jahr 2015 haben wir unsere Ringleuchte TheO zur Marktreife gebracht, die nunmehr im Mittelpunkt unseres kreativen Schaffens steht. Sie zeichnet sich durch ein schlankes Gehäuse, eine dennoch maximale Lichtausbeute aus und stellt zu-gleich einen individuellen, unter den Prinzipien der Nachhaltigkeit entwickelten Designgegenstand dar.

Nach meiner Ausbildung zum Industriemechaniker studierte ich Architek-tur an der Brandenburgischen Technischen Universität. 2003 machte ich mich als Lichtdesigner in Cottbus selbständig. Die effiziente LED-Technologie ermöglichte es mir, unzählige Ideen zu verwirklichen. Seit 2009 trägt mein Unternehmen den Namen leuchtstoff*. Der Lausitz als Unternehmensstandort von leuchtstoff* bin ich seit Langem verbunden. In der Zusammenarbeit von leuchtstoff* mit Zuliefe-rern in Berlin und Brandenburg sehe ich meinen Beitrag zur wirtschaftlichen Stär-kung der Region.

Mein Unternehmen fördert zudem den Wissenstransfer zwischen Hochschu-len und lokaler Wirtschaft. Der Bachelorstudent Stephan Krüger schreibt seine Abschlussarbeit am Lehrstuhl für Elektrotechnik der BTU und bei uns. Mit Prof. Michael Beck hat leuchtstoff* mögliche Untersuchungsschwerpunkte definiert, wie zum Beispiel die Bestimmung der Energieeffizienz, der Lichtausbeute und die räumliche Lichtstärkeverteilung. Bestandteile der Arbeit sind die Erstellung einer Eulumdat-Datei sowie das Verfassen kundenfreundlicher Datenblätter. Ziel ist es, eine praxisnahe wissenschaftliche Arbeit zu verfassen, deren Erkenntnisse am Ende nicht in einer Schublade landen. Die ermittelten lichttechnischen Daten er-möglichen uns zukünftig eine reibungslose Lichtplanung.

Stefan Restemeier ist der kreative Kopf von leuchtstoff*, gebürtiger Nordrhein-Westfale und Absolvent der Brandenburgischen Technischen Universität Cottbus-Senftenberg.

Linda Riefling | **Zukunftslicht**

Das Kulturerbe der Lausitz ist facettenreich und bietet zahllose Anknüpfungspunkte für heutige Macher und Tüftlerinnen. In der Region um Weißwasser konnte dank der geologischen Gegebenheiten des Muskauer Faltenbogens einer der bedeutendsten Standorte der Glasproduktion in Europa entstehen. Die Vereinigten Lausitzer Glaswerke und etliche weitere Glashütten erzeugten hochqualitative Design- und Alltagsprodukte. Moderne Tischlampen in Tulpenform, wie auf dem Foto zu sehen, waren besonders in den 1950er-Jahren beliebt. Wenn auch kein Beleuchtungsglas in Weißwasser hergestellt wurde, so doch die Kolben der zugehörigen Glühlampen.

Die Lampe gehört einem Vorstandsmitglied der Kreativen Lausitz, des Branchenverbands der Lausitzer Kultur- und Kreativwirtschaft. Der Verband hat sich gegründet, um all die kreativen Köpfe zusammenzubringen, die diese Region prägen, ehemals vergessene Orte wiederbeleben, Feste feiern, Projekte initiieren, einander die Hand reichen und mit unkonventionellen Werkzeugen den Strukturwandel mitgestalten. Als Kreative Lausitz organisieren wir regelmäßig offene Branchentreffs. Netzwerkveranstaltungen wie die beliebten »Takataks« (sorbisch für »sowieso«) oder Cross-Innovation-Formate führten uns auch nach Weißwasser, genauer: ins Soziokulturelle Zentrum Telux – eines von vielen Beispielen, wie in der Lausitz industrielles Erbe umfunktioniert und künstlerisch-kreativ belebt wird.

Für das gemeinsame Entwickeln innovativer Lebens- und Arbeitsstrategien bietet die Atmosphäre ähnlich geschichtsträchtiger Orte vielgestaltige Inspiration. Und damit uns beim Brainstorming immer wieder ein Licht aufgeht, bringt unser Vorstandsmitglied ihre Tischlampe mit und erinnert uns an die Langlebigkeit guter Ideen und gemeinschaftlicher Anstrengungen.

Linda Riefling gehört zum vierköpfigen Vorstand der Kreativen Lausitz, des Branchenverbands der Lausitzer Kultur- und Kreativwirtschaft. Wer einen Blick auf das Designerstück werfen mag, ist herzlich eingeladen, beim nächsten Treffen der Kreativen Lausitz dabei zu sein. Hinweise zu Veranstaltungen und Projekten unter www.kreative-lausitz.de, Instagram kreativelausitz oder LinkedIn-Profil

Jörg Rohde | Von der Quelle bis zur Mündung

Haben Sie beim Spielen schon einmal die Zeit vergessen? Schon lange nicht mehr? Dann gehen Sie zum Wasserspielplatz in Cottbus und schauen den Kindern dort zu. Begonnen hatte es 1902 mit der Anlage des Eliasparks zwischen Innenstadt und Branitzer Park unter der Regie des Cottbuser Verschönerungsvereins. Die Bundesgartenschau 1995 schloss daran an und richtete einen Wasserspielplatz ein, der zwar beliebt, aber schon knapp zehn Jahre später wieder marode war und trockengelegt werden musste.

Nun ist es an uns, der Bürgerstiftung Cottbus und Region, unser bisher größtes Projekt umzusetzen. Ein Architekturbüro hat den Plan entworfen, die Spree von der Quelle bis zur Mündung in die Havel als Wasserspielplatz zu gestalten. Dabei sollen markante Punkte, die die Spree auf ihrem Weg berührt, als Spielgeräte ausgebaut werden, wie zum Beispiel der Spremberger Turm in Cottbus als Kletterturm mit Rutsche. Alle Anlagen wie Landschaften und das Flussbett werden aus Stahlbeton geformt und die Tragschichten mit Spritzguss versehen. Damit sind sie wetterbeständig, vor Zerstörungen weitgehend geschützt und rutschfest. Die städtische Congress, Messe & Touristik GmbH (CMT) fungiert als Betreiberin, und die Lausitzer Wasser GmbH & Co. KG (LWG) stellt das Wasser kostenlos zur Verfügung.

Mehr als 170 000 Euro sind seit 2016 ausschließlich aus Spenden zusammengekommen. So war es möglich, die beiden ersten Bauabschnitte fertigzustellen, von der Quelle bis zum Spremberger Stausee, den Spremberger Turm in Cottbus und den Spreewald mit Matschanlage. Im 3. Bauabschnitt werden der Berliner Fernsehturm, das Brandenburger Tor und die Zitadelle in Spandau als Spielgeräte zu sehen sein, wenn uns wieder ausreichend Spenden zugeflossen sind.

Der Spielplatz ist mehr als ein Ort für kühle Füße an heißen Tagen. Es sind wir alle, die hier zeigen, dass wir uns für Orte des fröhlichen Miteinanders engagieren und spielende Kinder erfreuen.

Jörg Rohde ist seit über 30 Jahren Cottbuser und engagiert sich im Vorstand sowohl der Bürgerstiftung Cottbus und Region als auch im Förderverein der Brandenburgischen Technischen Universität Cottbus-Senftenberg.

Ruben R. Rosencrantz | Ein Kunststoff, der die Umwelt schützt

Auf den ersten Blick sieht es aus wie eine gewöhnliche Kunststofffolie – ein weiteres Stück Plastik, das möglicherweise die Umwelt verschmutzt. Plastik kann doch nichts Gutes sein, oder? Doch ein genauerer Blick enthüllt winzig kleine Partikel, eingebettet in diese Folie. Diese Partikel sind mit bloßem Auge kaum zu erkennen, aber sie bergen etwas Außergewöhnliches – Proteine, die den Kunststoff abbauen können.

Die innovative Folie ist das Ergebnis der Projektgruppe »BioPol«, die 2018 an der Brandenburgischen Technischen Universität in Zusammenarbeit mit dem Fraunhofer-Institut für Angewandte Polymerforschung (IAP) gegründet wurde. Ihr ambitioniertes Ziel: die scheinbar unvereinbaren Welten von Kunststoffen und Biologie zu vereinen. Während biologische Komponenten als empfindlich gelten, müssen Kunststoffe bei Temperaturen über 100 Grad Celsius geschmolzen und bei großem mechanischem Stress verarbeitet werden. Wie kann man also empfindliche Proteine in Kunststoffe einbetten? Die Lösung ist die Stabilisierung der Proteine mit winzigen anorganischen Partikeln. Dadurch überleben die Proteine trotz der hohen Verarbeitungstemperaturen und bleiben aktiv. Das Ergebnis ist eine Plastikfolie, die mehr als Plastik ist – ein Hybridmaterial aus Kunststoff und aktiven biologischen Molekülen. Stellen Sie sich eine Folie vor, die einen integrierten Selbstzerstörungsmechanismus besitzt. In feuchter Umgebung beginnt sie langsam zu zerfallen, ohne der Umwelt zu schaden, selbst wenn sie nicht korrekt entsorgt wird. Diese Folie könnte die Art und Weise, wie wir Plastik nutzen und entsorgen, grundlegend verändern. Kunststoffe sind aus unserem Alltag nicht wegzudenken und bieten zahlreiche Vorteile. Durch die Vereinigung von Kunststoffforschung und Biologie werden künftig Materialien entstehen, die nachhaltiger und intelligenter sind. Die Zukunft gehört hybriden Materialien, die unsere Umwelt schützen und gleichzeitig die Vorteile von Kunststoffen nutzen. So könnte die unscheinbare Kunststofffolie ein Weg zu nachhaltigen und smarten Materialien der Zukunft sein.

Ruben R. Rosencrantz ist Leiter der Projektgruppe »BioPol«, Professor an der Brandenburgischen Technischen Universität und Bereichsleiter am Fraunhofer-Institut für Angewandte Polymerforschung.

Jan Rudloff | Batterie-Recycling-Demonstrator

Die Lausitz ist im Wandel – der BASF-Standort Schwarzheide mittendrin. Mit neuen Anlagen zur Produktion und zum Recycling von Batteriematerialien ist das Werk Teil der europäischen Wertschöpfungskette für Elektrofahrzeuge. Brandenburg entwickelt sich hier zu einem wichtigen Standort.

Das abgebildete Objekt zeigt verschiedene feste und flüssige Proben aus dem Batterie-Recycling-Prozess der BASF. Dieser beginnt mit der sogenannten Schwarzen Masse, welche hier in feiner und grober Konsistenz gezeigt wird. Die Schwarze Masse entsteht bei der mechanischen Aufarbeitung von ausgedienten Batteriemodulen, zum Beispiel aus Elektrofahrzeugen. Daraus können die im Demonstrator präsentierten flüssigen Zwischenprodukte gewonnen werden, wie hochreines Nickel-, Mangan- und Kobaltsulfat sowie Lithiumhydroxid. Diese Rohstoffe stehen wiederum zur Herstellung von neuen Batteriemodulen zur Verfügung, wodurch der Kreislauf für Batteriematerialien geschlossen ist. Durch diesen Recyclingprozess wird der Bedarf an neu geförderten Metallerzen zukünftig verringert.

In der in Schwarzheide ansässigen BASF Battery Materials and Recycling GmbH werden nicht nur Batteriemodule recycelt, sondern auch Kathodenmaterialien zur Herstellung von leistungsfähigen Batterien hergestellt. BASF betreibt in Schwarzheide Europas erste vollautomatisierte Großproduktionsanlage für Batteriematerialien und auch die erste Anlage ihrer Art in Deutschland.

Der Batterie-Recycling-Demonstrator befindet sich aktuell in den Räumen der BASF Schwarzheide GmbH. Eine Leihgabe an das werkseigene Museum ist für das Jahr 2025 geplant.

Jan Rudloff ist Geschäftsführer der BASF Battery Materials and Recycling Schwarzheide GmbH. Museumsrundgänge durch das BASF-Werksmuseum sind unter www.basf-schwarzheide.de buchbar.

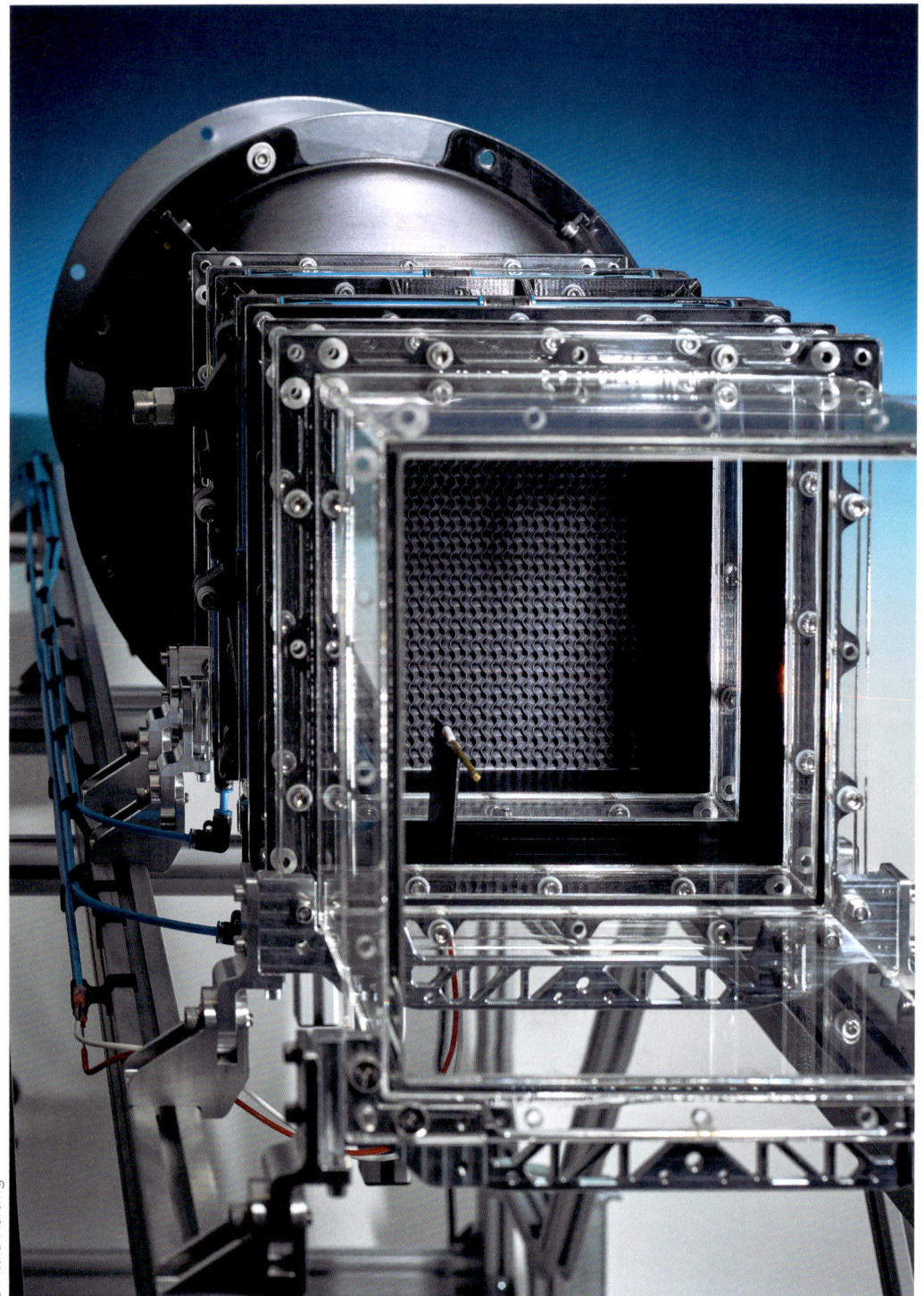

Chetan Kumar Sain | **Anders fliegen**

Das Institut für Elektrifizierte Luftfahrtantriebe des Deutschen Zentrums für Luft- und Raumfahrt (DLR) konzentriert sich mit seiner Forschung auf emissionsärmere, elektrifizierte Antriebe für zivile Transportflugzeuge und untersucht unter anderem vollelektrische, wasserstoffbetriebene Brennstoffzellensysteme. Leichtbaulösungen für Teilkomponenten des Brennstoffzellensystems, insbesondere für das Wärmemanagement und seine Wärmetauscher, sind für die Entwicklung eines wettbewerbsfähigen Verkehrsflugzeugs unerlässlich.

In auf Brennstoffzellen basierenden Luftfahrtantrieben hat das Thermalmanagementsystem einen großen Anteil am Gewicht des gesamten Antriebsaggregats. Ziel der Forschung ist es, durch die Entwicklung leichter, kompakter Wärmetauscher die Leistungsdichte des Gesamtantriebs zu erhöhen. Das gezeigte Objekt ist das 3D-gedruckte Modell einer Kühlstruktur, die aus periodisch geformten Geometrien mit einem sehr hohen Verhältnis von Oberfläche zu Volumen besteht. Das additive Fertigungsverfahren ist optimal geeignet, solche komplizierten Formen herzustellen. Dabei ist die Feinstruktur des Objekts keine Neuentwicklung der Wissenschaftlerinnen und Wissenschaftler, sondern wurde – wie viele andere technische Entwicklungen – von der Natur inspiriert und kommt zum Beispiel in den Flügeln von Insekten vor.

Das Modell wird genutzt, um aufwendige Berechnungen anhand von realen Komponententests experimentell zu validieren. Dabei wird die optimale aerodynamische und thermische Leistung der Wärmetauscher ermittelt und somit der Erfolg des Designs überprüft. Um den Strömungsverlauf der Medien zu verstehen, werden eingefärbte Flüssigkeiten mit Hilfe von Pumpen durch die transparente Struktur geleitet.

Diese Art von Tests finden am Institut in der Lieberoser Straße 13a in Cottbus statt und sind in größerem Maßstab zukünftig in der HepCo-Versuchsumgebung (Hybrid Electric Propulsion Cottbus) in Cottbus geplant.

Chetan Kumar Sain ist wissenschaftlicher Experte für Thermalkomponenten in elektrifizierten Luftfahrtantrieben beim Deutschen Zentrum für Luft- und Raumfahrt (DLR).

Lars Scharnholz | **Auf Umwegen ans Ziel**

In den 1920er-Jahren erlebte die Cottbuser Luftfahrt ihren euphorischen Start auf dem neuen Flughafen. Ein Highlight war die Landung der Luftfahrtpioniere Clarence D. Chamberlin und Charles Levine mit der einmotorigen »Miss Columbia« in Cottbus, die im Juni 1927 von New York nach Berlin fliegen wollten.

Die friedliche Luftfahrt musste ab 1933 einer düsteren Fortsetzung der Cottbuser Moderne weichen. Zahlreiche Flugzeughangars wurden errichtet. 1939 folgte das Sturzkampfgeschwader 3. Erster Kampfeinsatz: der Überfall auf Polen. 1941 verlegte Focke-Wulf die Bomber- und Jägerendmontage nach Cottbus. 4000 Menschen arbeiteten hier, darunter unzählige Zwangsarbeiter*innen. 1945 kamen die sowjetischen Luftstreitkräfte und 1950 die NVA, deren Flugzeuge gelegentlich in der Nachbarschaft abstürzten. 1990 folgte der Bundeswehrabwicklungsstab bis zur Schließung 2003. Und dann passierte erst einmal wenig. Wölfe, Waldohreulen und Wiedehopfe nutzen den biodiversen Naturraum, den eine unentschlossene Stadtentwicklung hinterließ.

Und die Miss Columbia? Geblieben ist der Reisebericht auf einer Schellackplatte und Charles Levines Abenteuerschilderung: »Wir wussten, wir waren auf dem richtigen Wege.« Nicht immer geht es nur ums Gewinnen – schließlich entschied Charles Lindbergh das Rennen über den Atlantik für sich. Chamberlin und Levine hatten keine Karten und mussten mit defektem Kompass, Navigationsfehlern und einer Bruchlandung bei Cottbus kämpfen. Und dennoch gelang ihnen am Ende die Landung in Berlin, wo 30 000 Menschen sie begrüßten.

Die Ozeanflieger haben eine angenehme Mischung aus Übermut und Gelassenheit in die Lausitz getragen. Eine Orientierungshilfe vielleicht auch für den Lausitz Science Park, ein nicht minder großes Wagnis.

Lars Scharnholz ist Gründer und Mitarbeiter des Instituts für Neue Industriekultur INIK GmbH.
Schallplatte im Stadtmuseum Cottbus. Flug New York–Berlin 4.6.1927 geschildert von den Ozeanfliegern Clarence D. Chamberlin und Charles A. Levin. Die Schallplatte wurde unter der Nummer O-4014 von der Firma Odeon vertreiben, die Plattenhülle trägt den Stempel: Musikhaus Aug. Zimmermann Leipzig C 1.

Stefanie Schiemenz | Nachfolge gesichert

Als Kind war es das Schönste für mich, wenn ich die Ferienzeit bei meinen Großeltern in der Oberlausitz verbrachte. Das Besondere daran war: Es gab ein komplett eingerichtetes leerstehendes Ladengeschäft. Meine Cousinen und ich mussten nur noch die Verkaufsartikel und Geldscheine basteln, und dann konnten wir stundenlang spielen. Erst später verstand ich, dass ich hier nicht nur spielerisch Unternehmertum lernte, sondern dass dieses verlassene Geschäft für eine gescheiterte Unternehmensnachfolge stand.

Heute ist das Thema präsenter denn je. Auch in der Lausitz drohen Unternehmen aufgrund fehlender Nachfolger*innen den Betrieb einzustellen. In meiner Forschungsarbeit und in den Gesprächen mit den Studierenden der Brandenburgischen Technischen Universität kristallisierte sich die Erkenntnis heraus, dass es wichtig ist, schon sehr früh für Fragen von Unternehmertum und Unternehmensnachfolge zu sensibilisieren. Daraus ist die Idee zu einem Kinderbuch entstanden.

Die Themen können Kindern bereits in den Kindergärten und Schulen nahegebracht werden. So kann sich ein Selbstverständnis für diese Themen entwickeln. Zudem wird das Wissen indirekt auch auf die Elterngeneration gelenkt. Wer nicht selbst kleine und mittelständische Unternehmen von innen kennt, kann sich nicht vorstellen, dass die eigenen Kinder dort einmal arbeiten oder diese gar führen. Das mehrsprachige Kinderbuch »Nachfolge gesichert!« greift nicht nur Unternehmensnachfolge, Gründung und Unternehmertum, sondern auch Themen wie Traditionen, Innovationen, Nachhaltigkeit, Umweltschutz und Sponsoring auf. Nicht alle Kinder und Jugendlichen müssen Unternehmer*innen werden, aber ihnen sollte auch diese Lebenswelt nicht verschlossen bleiben.

Das Kinderbuch »Nachfolge gesichert!« ist eine soziale Innovation, die am Anfang einer Kette steht, generationsübergreifendes Wissen vermittelt und somit direkt auf die Kinder und indirekt auf die Eltern wirkt. Denn schließlich hat nicht jedes Kind Großeltern mit einem leerstehenden Ladengeschäft.

Stefanie Schiemenz schreibt in ihrer Freizeit Kindersachbücher, neben »Nachfolge gesichert!« zum Beispiel »Ich entdecke Cottbus«. Das Wissen gibt sie bei Lesungen weiter und inspiriert Kinder dazu, sich mit ihrer regionalen Geschichte zu befassen.

Ingvil Schirling | **Klebt krass!**

Er ist quadratisch, knallrot und klebt super: der Autoaufkleber der Imagekampagne »Die Lausitz. Krasse Gegend«. Einer der handlichen Sticker dürfte wohl das Objekt sein, das am meisten von der Lausitz sieht. Rückseitig auf dem Dienstwagen des Lausitz-Beauftragten angebracht, reist er kreuz und quer durch die Landschaft zwischen Herzberg und Forst, Senftenberg und Königs Wusterhausen, dreht Runden zu Terminen von Cottbus über Elsterwerda nach Lübbenau und zurück, war Gast in Polen und Tschechien sowie im Rheinischen Revier bei Aachen.

Seit Februar 2023 hat der Aufkleber seinen Platz am Heck des silbernen Kombis, der dem Lausitz-Beauftragten Dr. Klaus Freytag und seinem Team zur Verfügung steht. »Lausitzretter« werden er und seine Mitarbeitenden manchmal liebevoll genannt, »Lausitzkümmerer« wäre ihm noch etwas lieber, am liebsten aber offiziell: »Lausitz-Beauftragter des Ministerpräsidenten«, denn das zeigt die Wichtigkeit der Aufgabe.

Die Aufgabe für die Lausitz ist klar: Weg von der Randlage mit Risiko des Vergessenwerdens hin zur lebendigen Region mit der Boomtown Cottbus in der Mitte. »Irgendwann wird hier ein Raumschiff landen«, überspitzt Freytag manchmal die dynamische Entwicklung, vorangetrieben von mehreren Millionen Euro Fördergeldern und dem eisernen Willen, aus dem Kohlerevier eine Energieregion der Zukunft zu machen. Ob Wasserstoff, Roboter, KI oder Kunst: Krass, was in der Lausitz alles geht.

Die langen Wege der Lausitz, die der Autosticker so gut kennt wie sein Fahrer, werden zur Kulisse für fruchtbringende Gespräche mit den vielen engagierten Akteuren. Deren Ergebnisse sind zählbar: 76 bewilligte Investiv-Projekte in rund vier Jahren, flankiert und qualifiziert in den fünf Werkstätten, dazu weit mehr nicht-investive.

Ingvil Schirling ist Referentin für Presse- und Öffentlichkeitsarbeit
der Wirtschaftsregion Lausitz.
Krasse Sticker finden Sie im Haus des Strukturwandels in der Magazinstraße 28
in Cottbus – solange der Vorrat reicht.

Christian Schlodder | **Lokatorium Altdöbern**

Diese Glasflasche ist ein Relikt der Vergangenheit – und das in vielerlei Hinsicht. In diese Flasche wurde in den 1980er-Jahren Weinbrand abgefüllt und anschließend mit einem Glasstopfen verschlossen. Dies geschah in der Brennerei Riedel & Sohn in Altdöbern. Die Destille hat eine bewegte Historie, die bis ins Jahr 1798 zurückreicht. Hergestellt und abgefüllt wurden Spirituosen, Essigessenzen und Industriealkohole für die Region und sogar für den internationalen Markt. Die jeweiligen Besitzer waren oft avantgardistisch und ihrer Zeit ein Stück voraus. Anfang der 1950er-Jahre wurde hier mit dem Riso das erste isotonische Getränk der DDR entwickelt – mehr als ein Jahrzehnt, bevor es Marken wie das weltbekannte Gatorade gab. Seit den frühen 1990ern ist die Brennerei nach sechs Generationen Geschichte und Vergangenheit. Das Gelände verfiel. Ohne Nutzungsidee würde es wohl für immer verschwinden.

Die neue Idee heißt Lokatorium. In der mittelalterlichen Lausitz waren Lokatoren dafür zuständig, Personen und Erfahrungen vor Ort zu vernetzen, Impulse zu geben und neue Ideen und Köpfe von außen zu gewinnen. So wird das Lokatorium in Altdöbern eine Brücke zwischen der langen Tradition des Ortes und der Expertise seiner Bewohnerinnen und Bewohner hin zu gelebter, positiver Veränderung und neuen Möglichkeiten schlagen. Transformation – nur eben mit den Menschen vor Ort gemeinsam.

Dafür soll das Gelände zu einem Quartier mit Mischnutzung werden, wo sich Menschen und Ideen begegnen und bereichern dürfen. Es sollen Übernachtungsmöglichkeiten und Workshop-Räume entstehen ebenso wie Räumlichkeiten für Gewerbe, Einzelhandel, Kultur und Handwerk. Für neue Ideen und die Vernetzung nach außen wird ein Art & Tech Incubator seine Arbeit aufnehmen. Und eine Destille soll es auch wieder geben. Ganz im Sinne der Geschichte des Geländes. So kann dieses Objekt der Vergangenheit auch eine Zukunft haben – wie auch immer die am Ende aussehen wird.

Christian Schlodder ist in Altdöbern geboren und aufgewachsen. Heute lebt und arbeitet er in Berlin.

Kathrin Schlüßler | Im Wandel wurzeln

Strukturwandel steht an meiner Bürotür und ist meine alltägliche berufliche Spielwiese. Und doch, mit schöner Regelmäßigkeit stellt sich mir die Frage: Wie erzähle ich diesen sperrigen Begriff, diesen komplexen Prozess, den wirtschaftlichen und gesellschaftlichen Umbau einer ganzen Region in möglichst einfachen Worten? Keine Chance. Das Gute daran: Es braucht diese eine große allumfassende Erzählung gar nicht. Denn die Stärke liegt in der Kleinteiligkeit, in der Vielzahl der Geschichten von Zukunftsideen, die wie Samenkörner in der ganzen Region aufgehen.

Meine Geschichte erzählt eine ganz persönliche Strukturwandelerfahrung, die sehr viel damit zu hat, dass ich neuerdings Gemüse- und Blumensamen in die Lausitzer Krafterde aus dem Bio-Energie-Zentrum Freienhufen säe.

Ich wohne jetzt auf dem Dorf. Wie meine Tomatenpflänzchen im Kompostbeet hinter meinem neuen alten Häuschen schlage ich Wurzeln im fruchtbaren Lausitzer Boden. Als gebürtige Sächsin, Teilzeit-Rheinländerin und begeisterte Lausitzerin habe ich viele Orte Heimat genannt, mich gewandelt und angepasst. Veränderung ist Teil meines Wesens geworden. Und jetzt soll ich hier in diesem kleinen brandenburgischen Dorf sesshaft werden, stillstehen? Ja! Denn in diesem vermeintlichen Stillstand erlebe ich den Wandel um mich herum noch viel intensiver. Ich sehe neue Menschen in der Dorfgemeinschaft. In ehemals verwaiste Gebäude zieht neues Leben. Ich spüre die vibrierende Vorfreude auf die Eröffnung des Tagebausees in unserer Nachbarschaft. Ich erkläre Tourist*innen den Weg zu den Sehenswürdigkeiten.

Und mein Garten? Die Lausitzer Krafterde lässt mein Gemüse Wurzeln schlagen, es grünt und blüht, wohin ich schaue. Allein in dieser ersten Gartensaison sehe ich so viel Veränderung auf dem zuvor verwaisten und öden Stückchen Land. Ich bin stehen geblieben und bleibe im Wandel.

Kathrin Schlüßler ist Neu-Freienhufenerin, Kommunikationsmanagerin
im Referat Strukturwandel an der Brandenburgischen Technischen Universität
und sture Optimistin.

Dagmar Schmidt | **Eine Bude für alle**

Ein schattiges und luftiges Plätzchen mit bequemen Sitzgelegenheiten – das ist der bunt gemusterte Mitmachkiosk, den die Bürgerregion Lausitz entwickelt hat. Wer hier vorbeischlendert, ist herzlich eingeladen, sich niederzulassen und über das gute Leben in der Lausitz ins Gespräch zu kommen. Der Kiosk ist schnell aufgebaut und wieder zusammengeräumt. Er ist eine ruhige Insel auf einem Festival, aber auch Mobiliar für einen interaktiven Workshop.

Und warum steht er für die offene Zukunft in der Lausitz? Weil Menschen beteiligt werden, ohne dass sie zunächst etwas dafür tun müssen. Sie müssen keine Veranstaltung besuchen, keinen Workshop buchen und keiner Initiative beitreten. Sie können sich einfach niederlassen und reden – über das, was sie lieben in der Lausitz, warum sie hiergeblieben, hergekommen oder wiedergekommen sind. Aber natürlich auch über das, was sie stört, was sie gern ändern würden, warum sie manchmal doch lieber woanders leben würden.

Die Bürgerregion Lausitz trägt den Slogan »Menschen machen Wandel«. Das wollen wir mit der bunten Präsenz unterstreichen. Wir erreichen in Veranstaltungen und Workshops schon viele Menschen – vernetzen, informieren und ermutigen sie, ihre Ideen weiterzudenken, Mitstreitende zu finden und sie umzusetzen. Wir wollen aber auch die erreichen, die keine unserer Veranstaltungen besuchen. Sie sind uns wichtig! Vermutlich sind sie sogar mehr als die vielen Engagierten, die wir schon kennen. Vielleicht packen sie ja irgendwo ehrenamtlich mit an. Das erfahren wir nur, wenn wir ins Gespräch kommen. Nur so erweitert sich das Bild über die Menschen in der Lausitz.

Im Gespräch können wir sie auch fragen, was sie für ihr alltägliches Leben und ihr ehrenamtliches Engagement brauchen. Mit vielem, was wir aus der Lausitz schon wissen, lässt sich daraus vielleicht etwas entwickeln, was ihnen hilft, noch wirksamer zu sein in ihrem Umfeld. Der Kiosk und unser Team helfen in jedem Fall dabei, miteinander in den Austausch zu kommen. Ein erster Schritt für Menschen, die Wandel machen.

Dagmar Schmidt ist Mitbegründerin und Vorstandsvorsitzende
von Lausitzer Perspektiven e.V., der Trägerorganisation der Bürgerregion Lausitz.

Gregor Schneider | **Der Neufert-Bau in Weißwasser**

Im Zentrum der Stadt und doch jenseits der Wahrnehmung: der Neufert-Bau. In den 1920er- und 1930er-Jahren war Weißwasser zu der Industriestadt gewachsen, die noch heute Identität und Stadtbild prägt. Die Glasmetropole wuchs nicht nach ästhetischen, sondern nach funktionalen Gesichtspunkten. Wilhelm Wagenfeld, der 1935 als Künstlerischer Leiter der Vereinigten Lausitzer Glaswerke AG (VLG) nach Weißwasser gekommen war, konnte hier, im »Hinterland der Moderne«, etliche Prinzipien der Bauhaus-Idee verwirklichen. Wagenfeld rationalisierte Prozesse, so auch die Lagerung und den Versand der Glasprodukte. Sein Bauhaus-Kollege Ernst Neufert plante als Hausarchitekt der VLG ein zentrales Lager- und Versandgebäude. Er entwarf eine Art Prototyp eines Logistikzentrums – als gebautes Lehrbuch und Experiment, wobei er die Normierung von Arbeitsweisen und Bewegungsabläufen parallel in seiner »Bauentwurfslehre« festhielt. Das Ergebnis war der auf minimale Ressourcen und Abläufe organisierte und optimierte Neufert-Bau.

Das Bewusstsein um die industrie- und architekturgeschichtliche Bedeutung des Gebäudes wuchs erst dank der Aktivitäten des Vereins Neufert-Bau Weißwasser e.V. Ein großes Event war anlässlich von 100 Jahre Bauhaus die Theaterinszenierung »Modellfall Weißwasser – Das Masz aller Dinge«. Dabei erhielt der ziegel- und rostrote Klotz seinen Beinamen »Normentempel«. Seither waren neben Konzerten und Lesungen auch eine Künstlerresidenz und die Theaterperformance »TreuhandTechno« hier zu Gast. Das Gebäude soll wieder als »Lager« dienen. Die Hülle des Baudenkmals ist in zwei Bauabschnitten gesichert worden, ein dritter ist für die Versandhalle geplant. Im Inneren blättert noch die Farbe von den Stahlstützen. Ideen wie die des »Heimatspeichers« als Fundus der »Arrival City« Weißwasser oder archäologischer Funde aus den Tagebauen könnten tragen. Aber auch als Energiespeicher könnte sich das Gebäude eignen. Insofern würde sich der Kreis zurück zu einem »Zentrallager« schließen. Gewiss ist, dass es noch weiterer Mitstreiter und Ideen für eine stabile Nachnutzung bedarf. Die Erhaltung solcher Gebäude ist eine Frage der Wertschätzung. Auch Industriebauten stiften Identität.

Gregor Schneider lebt seit 2016 wieder in der Heimatregion und begleitet aktiv deren Transformation.

Silke Schwabe | Netzwerk, fertig, los

Wenn die Energieproduktion aus Kohle Lausitzer Geschichte sein wird, was ist dann mit den Firmen, die in dieser Branche über Jahrzehnte ihr Know-how entwickelt haben? Für die Industrie- und Handelskammer (IHK) Cottbus ist es ein wichtiges Anliegen, den internationalen Austausch der Region Südbrandenburg zu stärken, die wirtschaftlichen Kompetenzen der Lausitz über die Grenzen zu tragen und unsere Mitgliedsunternehmen beim Knüpfen internationaler Geschäftskontakte zu unterstützen. Ob Unternehmerreisen ins Ausland, Empfänge potenzieller Geschäftspartner aus dem Ausland, internationale Beratungstage, Länderveranstaltungen oder auch die Organisation von Gemeinschaftsständen auf internationalen Messen: Der Aufbau von Beziehungen zu ausländischen Unternehmen und Expert*innen ist immer der erste Schritt.

Um die Internationalisierungsaktivitäten für die ehemals in der Wertschöpfungskette der Braunkohleindustrie tätigen Unternehmen auszubauen, haben die IHK Cottbus, die Wirtschaftsförderungen Berlin-Brandenburg und Sachsen sowie die IHK Dresden gemeinsam mit weiteren Lausitzer Akteur*innen und Unternehmer*innen das Netzwerk MinGenTec – Mining Generation & Technology gegründet. Dank der IHK Cottbus konnten bereits viele renommierte Großunternehmen aus dem Ausland zu Besuch nach Südbrandenburg geholt werden. Aus einer ganzen Reihe von Kontakten wurden konkrete Geschäftsabschlüsse.

Mit jedem Gastgeschenk sind Emotionen und Geschichten verbunden. So auch mit dem der China Railway Rolling Stock Corporation Limited (CRRC), die in den vergangenen Jahren mehrfach in Südbrandenburg zu Gast war und zu der ausgewählte regionale Unternehmen enge Geschäftsbeziehungen aufbauen konnten. Die CRRC ist nicht nur der weltweit größte Schienenfahrzeughersteller, sie gehört zu den größten Industriekonzernen der Welt. Dieses Beispiel soll weitere Unternehmen animieren, in die Welt zu reisen, Erfahrungen zu sammeln und internationale Geschäfte aufzubauen.

Silke Schwabe ist Leiterin des Geschäftsbereichs Außenwirtschaft und Unternehmensentwicklung bei der Industrie- und Handelskammer Cottbus, dem Träger des Netzwerkes MinGenTec.

Astrid Schwarz | Unterirdisches Holz

Wo wir heute zwischen Kiefern, Birken und Eichen spazieren, wuchsen vor 12 bis 15 Millionen Jahren immergrüne Laubwälder mit Palmen, Magnolien und Lorbeergewächsen. Das Klima war deutlich feuchter und wärmer, ganz Mitteleuropa subtropisch, die Küsten der europäischen Inselwelt gesäumt von Mangroven. Starke Schwankungen des Meeresspiegels prägten das Zeitalter des mittleren Miozäns, Bäume und Sträucher wurden wiederholt geflutet und mit Sand überspült. Durch intensive Stoffwechselprozesse kam es zu Moor- und Torfbildung, und in Millionen von Jahren wurden Sedimente durch Eiszeiten verdichtet und verschoben.

Braunkohle steht mit einem Kohlenstoffgehalt von fast 70 Prozent dem Torf nahe, dann kommt Steinkohle und schließlich Anthrazit. Der Inkohlungsgrad ist ein Maß für die Güte der energiewirtschaftlichen Nutzung der Gesteine. Braunkohle ist in diesem System wenig wertvoll, bergfrisch hat sie ein Drittel des Brennwertes von Steinkohle. Im dunklen Flöz von Welzow-Süd ist das Industrieprodukt Braunkohle kaum zu erahnen. Wir sehen brüchige Strukturen im herausgeschaufelten Material, Umrisse von Stämmen im Anschnitt, meterlange Pflanzenfasern am Sohlenrand. Die Situation lässt eher an von Feuer und Wind gefällten Wald denken, denn an Gestein. Beim maschinellen Abbau stellt sich das unterirdische Holz mitunter quer, verkeilt sich in der Mechanik der Schaufelradbagger und verlangsamt oder stoppt sogar das lautstarke Treiben. Es ist, als ob sich die altehrwürdigen Bäume dem grobschlächtigen Zugriff verwehrten und ihre Individualität behaupteten: ein Mangrovenast, ein Schirmtannenstamm – ein Manifest für genaues Hinsehen. Aus der Perspektive einer Kohlenstoffgesellschaft reduziert sich der Wert des unterirdischen Holzes auf seinen Brennwert. Der kulturgeschichtliche Blick hingegen eröffnet ein vielschichtiges Bild der fossilen materiellen Kultur. Die lebendige Zeugenschaft von Jahrmillionen Erdgeschichte kann als eine Geschichte von Verantwortung und Respekt erzählt werden. Die beeindruckende Formenvielfalt des unterirdischen Holzes, seine gleichzeitige Fragilität und Widerständigkeit, ist ein starkes Symbol für die in der Lausitz stattfindende Transformation in die Zukunft.

Astrid Schwarz forscht und lehrt als Professorin für Allgemeine Technikwissenschaft an der Brandenburgischen Technischen Universität Cottbus-Senftenberg Technikphilosophie und Umweltanthropologie.

Thomas Schwarz | Im Skulpturengarten bei Schleife

Ein Ort des Wandels – vom alten Militärobjekt zu einer Oase der Kunst mitten in der Natur, vom Baumfragment zur Skulptur. Uralte knorrige Eichen aus dem Pückler-Park, Fragmente aus vergangenen Zeiten und farbenfrohe Hölzer aus der ganzen Welt – sie nehmen uns mit in eine magische Welt voller Geschichten und Mythen, eingefangen in meinen Skulpturen.

Hier lebe ich meinen Traum von Kreativität, Vielfalt und Unabhängigkeit mitten in einem Birkenhain. Entstanden ist dieser Ort aus einem verfallenen sowjetischen Kulturhaus, das ich ab 2011 mit viel Unterstützung saniert habe. Das Areal wurde von 1935 bis 1993 militärisch genutzt und anschließend von der Gemeinde aufwendig renaturiert. Direkt neben dem Ort Schleife ist einer der letzten Tagebaue aktiv, und die Region lebt noch davon. Dort befand sich ein vermuteter uralter slawischer Kultplatz und zugleich Pücklers erster Park am ehemaligen Jagdschloss, der wie die angrenzenden sorbischen Dörfer dem Bergbau weichen musste.

Viele der Hölzer stammen aus diesem Areal. Das Atelier ist eine »Arche« für diese alten, gefallenen Bäume. Aber auch ein Ort des kulturellen Lebens mit Gastkünstlern, Konzerten, Lesungen und Führungen. Umgeben von einem Skulpturengarten finden sich dort große, bis zu acht Meter hohe, oft tonnenschwere Werke. Diese sind eingebettet in eine herrlich gestaltete Garten- und Waldlandschaft mit vielen botanischen Kostbarkeiten. Ein Platz zum Staunen, Genießen und zur Inspiration.

Dieser Flecken steht symbolisch für den Wandel und den Zwiespalt der Lausitz. Paradiese sind verschwunden, die vorher alltäglich waren – im Nachhinein würde man manches mehr wertschätzen. Aber es entstehen neue Landschaften, es gibt Visionen, unglaubliche Möglichkeiten, und man lernt den Augenblick zu genießen und festzuhalten. Ein Ort wie gemacht für die Zukunft.

Den Künstler Thomas Schwarz hat seine zweisprachige sorbische Heimat kulturell geprägt – mit ihren lebendigen Bräuchen und den Sagen, die dem tiefen Respekt vor der Natur entspringen. www.der-holzkünstler.de

Johannes Staemmler | Rucksackleben

Es hat eine Weile gedauert, bis ich meine Antwort auf die Frage »Und? Sind Sie hergezogen?« wusste: Ich bin in der Lausitz, wenn ich hier bin. Aus Berlin pendele ich jede Woche, um an der Brandenburgischen Technischen Universität Cottbus-Senftenberg das Referat Strukturwandel zu koordinieren. Es ist mein ganz normaler Rhythmus geworden, der offenbar von einigen geteilt wird, die ich regelmäßig im Zug wiedererkenne.

Dabei begleitet mich mein Rucksack, der mich mit vielem ausstattet, was ich brauche. Dazu gehören der Laptop, Essen und Trinken, Klamotten und etwas zum Lesen. Bläst der Wind über Gleis 2 in Cottbus, drehe ich mich und lasse ihn an meinem geschützten Rücken vorbeiwehen. Müssen Flyer zur Veranstaltung gebracht werden, dann habe ich dafür Platz. Finde ich etwas Spannendes für meinen Sohn, nehme ich es mit nach Berlin.

Nicht alle können auf Anhieb in die Lausitz ziehen. Das Leben hat seine Bande schon an anderen Orten geknüpft, die nicht gekappt werden sollen oder können. Auch komme ich nicht aus der Lausitz, habe kein Elternhaus oder das Heimatdorf meiner Großeltern hier. Die Lausitz, insbesondere Cottbus, ist für mich kein Schicksal, sondern eine Entscheidung, die ich immer wieder treffe.

Ich will mit ebenjenen sein, mit denen ich seit Jahren schon Geschichten und Zuversicht teile. Immer dichter webt sich das Netz aus Beziehungen, Orten und Erfahrungen. Von Cottbus aus bin ich in viele andere Lausitzer Orte unterwegs, selbst vom Dach des Kraftwerks konnte ich schon in die Gegend schauen. Der Rucksack ist dabei keine Last mehr, sondern das Schneckenhaus, das ich huckepack nehme, ohne dass es mich erdrückt.

Schmunzeln muss ich, wenn ich andere mit ihren kleinen Häusern auf dem Rücken sehe. Ohne diese wären sie wohl nicht hier. Und mit ihnen steht Cottbus und die Lausitz in steter Beziehung zu anderen Orten. Je mehr Rucksäcke es werden, desto öfter wird der eine oder die andere ebendiesen abstellen und bleiben.

Johannes Staemmler leitet das Referat Strukturwandel an der Brandenburgischen Technischen Universität und lebt in Berlin.

Gert Streidt | Quasten – Geflechte mit Zukunft

Meine Geschichte dreht sich um eine Quaste. Quasten gehören zu den Posamenten, sind also dekorative textile Geflechte, bei denen feine Seidenfäden auf Holzfacons versponnen werden. Und als solche sind sie eng verbunden mit der Geschichte der die Lausitz über Jahrhunderte prägenden Textilindustrie, die im 19. Jahrhundert durch die Umstellung auf Maschinenweberei eine enorme Produktivitätssteigerung erlebte. Eine Grundlage dafür bildete die in der Lausitz als Energiequelle geförderte Braunkohle. Ein Zentrum der Textilindustrie war die Stadt Forst, die sich stolz als »deutsches Manchester« bezeichnete: Von den im Jahr 1905 gezählten rund 33 000 Forster Einwohnern waren etwa 10 000 in der Textilindustrie beschäftigt. Statistisch gesehen trug in jener Zeit jeder fünfte Deutsche einen Anzug aus Forster Tuch. Dass diese Industrie einen langen Niedergang erlebte, weiß heute in der Lausitz fast jede*r. Von den Tausenden Beschäftigen 1989 waren ein paar Jahre später nur noch eine Handvoll übrig. Die Geschichte dieser die Stadt so prägenden Industrie wird ab 2025 das neue Brandenburgische Textilmuseum erzählen, mit dem zugleich ein kulturelles Zentrum für die Forster und die Gäste der Stadt entsteht.

In Forst gibt es eine alte traditionsreiche Textilwerkstatt, die heutige Jende Posamenten Manufaktur, deren Produkte von höchster handwerklicher und künstlerischer Qualität in ganz Europa gefragt sind. Die junge Unternehmerfamilie Jende aus Potsdam zog vor einigen Jahren nach Forst, um die altehrwürdige Manufaktur weiterzuführen. Als im Schloss Branitz die Salons des Fürsten Pückler restauriert wurden, fertigte die Jende Manufaktur die Quasten und zahlreiche andere textile Schmuckelemente. Die Familie plant, sich in einem Strukturwandelprojekt zu engagieren, möchte dafür in Forst eine alte Textilfabrik sanieren, eine Schauwerkstatt einrichten und Lehrlinge ausbilden. Damit geben die Jendes einer alten Handwerkskunst in der Lausitz eine Zukunft.

Gert Streidt ist Kulturwissenschaftler, gebürtiger Lausitzer
und engagiert sich im Strukturwandel für die Kultur.

Batuhan Sütbas | Ein Medizinradar für die häusliche Krankenpflege

In einer Kooperation zwischen dem Leibniz-Institut für innovative Mikroelektronik (IHP) und der Brandenburgischen Technischen Universität Cottbus-Senftenberg (BTU) gestalten wir die Zukunft der wohnortnahen Gesundheitsversorgung in der Lausitz neu. Meine Reise hierher begann 2019 mit der Weiterentwicklung der einfachen Idee, ein Radar für die kontaktlose Erfassung der Atmung zu verwenden, die bereits 1975 vorgeschlagen worden war.

Heute erweitern integrierte Schaltungen diese geplante Technik, die ich mit Hilfe erfahrener Forscher und Forscherinnen entwerfe, um die Herztöne zu messen und verschiedene Herz-Kreislauf-Erkrankungen kabellos zu erkennen. Die feine Auflösung im Submikrometerbereich, die für eine erfolgreiche Identifizierung der Vitalbewegungen erforderlich ist, wird dank der fortschrittlichen SiGe-Halbleiter-technologie des IHP erreicht. Erste klinische Versuche am Carl-Thiem-Klinikum (heute Universitätsklinikum) in Cottbus zeigen eine hervorragende Übereinstimmung mit den Referenz-EKG-Messungen. Dort ist der medizinische Radar-Chipsatz nahtlos in ein Modul integriert, das leise unter dem Bett durch die Matratze und die Kleidung hindurcharbeitet. Die Unauffälligkeit dieser Lösung wird jungen Eltern helfen, ein wachsames Auge auf ihre Kinder zu haben, und ältere Menschen können komfortabler untersucht werden.

Die Zukunft des Gesundheitswesens in der Lausitz liegt auch abseits der Krankenhäuser, in unseren Wohnungen mit einer präventiven Versorgung Tag und Nacht. Doch die Reise des medizinischen Radars endet hier nicht. Unser Blick in die Zukunft richtet sich verstärkt auf Energieeffizienz und Nachhaltigkeit. Daher zielen weitere wissenschaftliche und technologische Bemühungen auf einen extrem niedrigen Stromverbrauch für batteriebetriebene und tragbare Module. Das Medizinradar zeigt, wie Hightech inspiriert, Innovationen fördert und ganz nebenbei auch die Lausitz mitgestaltet.

Batuhan Sütbas ist Wissenschaftler am Leibniz-Institut für innovative Mikroelektronik und promoviert im Fachbereich Elektrotechnik an der Brandenburgischen Technischen Universität in Cottbus.

Jens Taschenberger | **Das Kohlewindrad**

Was, bitte schön, hat ein Windrad auf einem Stück Braunkohle verloren? Dahinter steckt eine Geschichte, die nichts weniger als die alte und die neue Energiewelt der Lausitz verbindet – und rückblickend eine Zukunft vorwegnahm, die bei der Geburt dieses Objekts kaum jemand für möglich gehalten hätte. Das »Kohlewindrad« war der Blickfang auf dem Titel unseres *Lausitz Magazins* im Frühjahr 2018. Die Stimmung in der Lausitz war schlecht, die Debatte um den Kohleausstieg bereits eröffnet, aber weder eine Kohlekommission noch eine Strukturstärkung in Sicht. Die alte und die neue, erneuerbare Energiewelt grenzten sich offiziell ab. Jeder kämpfte für seine Interessen. In dieser Stimmungslage war es ein Novum, LEAG-Chef Helmar Rendez und Jan Hinrich Glahr vom Bundesverband WindEnergie (BWE) offiziell an einen Tisch, in ein Magazin und sogar auf dessen Titelseite zu bekommen. Sie waren die ersten maßgeblichen Vertreter der beiden Welten, die sich zu einem vorsichtigen Zusammenspiel bekannten. Das Foto mit dem Objekt war für beide Seiten ein Wagnis – und stand noch zwei Tage vor Druck auf der Kippe. Die im Kohlewindrad symbolisierten Gemeinsamkeiten in einem »Energy Valley Lausitz« schienen vielen zu mutig oder überzogen.

Heute baut die LEAG quasi auf der Kohle in der Bergbaufolge Windräder und neue Energie. Sie arbeitet mit Partnern aus den Erneuerbaren eng und vertraulich zusammen. Beim Qualifizierungsverbund in der Lausitz für Erneuerbare Energien (QLEE) sind LEAG und Erneuerbare sogar Projektpartner. Mit der GigawattFactory will die LEAG Deutschlands größtes Zentrum erneuerbarer Energie an Land errichten und zu einem von Europas Top-Anbietern für Grünstrom wachsen. Der Lausitz eröffnet das die Chance, eine europäische Modellregion für Dekarbonisierung, ein Net Zero Valley, zu werden. Das kleine Objekt ist rückblickend eine Keimzelle für diesen großen Wurf. Es steht für die Transformation der Lausitz, für den Mut vieler Akteure, neue Wege gemeinsam zu gehen – und hier erstmals das Zusammenspiel zwischen alter und neuer Energiewelt als Chance zu begreifen. Manchmal passt zusammen, was auf den ersten Blick sehr viel trennt.

Jens Taschenberger ist Publizist, Herausgeber des *Lausitz Magazins*, Netzwerker und Impulsgeber mit vielfältigem Engagement im Strukturwandel der Lausitz.

Elke Thiele | Vom Abfall zum Superstar

Sie riechen nach nichts, und man kann sie bedenkenlos in die Hand nehmen. Obwohl sie etwas dunkler sind, erinnern sie mich an Katzenstreu. Mit einem Wort: Diese Pellets sind absolut unscheinbar und waren mir auch bei näherer Betrachtung keinen zweiten Blick wert. Was sollte daran schon Besonderes sein?

Dieser Blickwinkel hat sich gründlich geändert. Inzwischen sind die Pellets für mich das ultimative Symbol des Strukturwandels, und das gleich in mehrerlei Hinsicht. Ihr hauptsächlicher Ausgangsstoff sind Eisenhydroxidschlämme. Lange bevor ich wusste, was das ist, hatte ich sie und ihre Auswirkungen schon öfter gesehen. Meist in Gewässern der Lausitz, die von den Schlämmen recht unschön braun gefärbt wurden. Dabei ist es ein natürlich vorkommender Stoff, der vor allem durch die Tagebaue entsteht. Beim Abbaggern wird das Eisen im Boden freigelegt und oxidiert mit dem Sauerstoff aus der Luft zu Eisenhydroxid. Genutzt werden können die Eisenhydroxidschlämme bisher kaum, stattdessen werden sie aufwendig in Deponien gelagert.

Die Wissenschaftler*innen der Brandenburgischen Technischen Universität haben sich darum gemeinsam mit den Praktiker*innen der KERATON Kies- und Tongruben GmbH und der P.U.S. Produktions- und Umweltservice GmbH im Rahmen eines Projektes des WIR!-Bündnisses Land-Innovation-Lausitz (LIL) auf den Weg gemacht, um diesen Abfallstoff in eine wertvolle Ressource zu verwandeln. Kombiniert mit regionalen Tonen und organischem Material sollen die Eisenhydroxidschlämme künftig die Böden verbessern. Die Hoffnung ist, dass die Substrate helfen, den Humusgehalt der Äcker zu erhöhen und die Nährstoff- und Wasserhaltekapazität der trockenen und nährstoffarmen Böden in der Lausitz zu steigern.

Ob am Ende die Eisenhydroxid-Pellets tatsächlich das Potenzial haben, ein »Boden-Superstar« zu werden, muss sich erst noch beweisen. Dazu bedarf es weiterer Forschung, bevor die Pellets großflächig auf den Äckern ausgebracht werden können. Erste wichtige Schritte hin zu einem biobasierten Bodenhilfsstoff und damit zu einem umweltfreundlicheren Wirtschaften sind jedoch getan.

Elke Thiele leitet die Kommunikation des Forschungsbündnisses Land-Innovation-Lausitz und ist von den großen Potenzialen (in) der Lausitz begeistert.

Holger Thomas | **Mit Stethoskop und Laptop**

Im Jahr 2001 bin ich nach Cottbus gezogen. Hier habe ich als Pfarrer und Ortsbeirat erlebt, wie neue Braunkohletagebaue erschlossen werden sollten. In meinem berufsbegleitenden Mediationsstudium beschäftigte mich, wie damit einhergehende Konflikte konstruktiv bearbeitet werden können. Ab Mitte der 2010er-Jahre folgte Schritt für Schritt die Rolle rückwärts bis zum Kohleausstiegsgesetz: Ausstieg aus der Braunkohle bis 2038. Viele Fragen und Sorgen treiben seither die Menschen um: Welche Chancen hat die strukturschwache Region? Gibt es wieder einen Bruch wie in den 1990ern?

Seit 2021 arbeite ich als Organisationsentwickler im Carl-Thiem-Klinikum Cottbus und begleite die Veränderungsprozesse zur Medizinischen Universität und zum Digitalen Leitkrankenhaus. Die Mitarbeitenden sollen gut auf dem Weg mitgenommen, Führungskräfte unterstützt werden und Abteilungen sich zukunftsfähig aufstellen. Auf meinem Weg zur Arbeit sehe ich viele Autos mit Nummernschildern aus umliegenden Landkreisen zum Klinikum fahren: Fachkräftemangel im Gesundheitswesen und Versorgungsprobleme in der Fläche sind in aller Munde. Stell dir vor, du bist krank und keiner ist da, der dich versorgt, oder die Wege sind zu weit, um schnell Hilfe zu bekommen. Stethoskop und Laptop, aufgenommen auf einer Station des Klinikums, sind für mich Symbole für die Chancen der Region. Wir brauchen Ärztinnen und Ärzte, Gesundheits- und Krankenpfleger sowie Fachkräfte in weiteren Professionen der Gesundheitsversorgung. Digitale Möglichkeiten müssen genutzt und neue Versorgungskonzepte entwickelt werden, damit Patientinnen und Patienten lange Wege erspart bleiben und im Notfall auch über Entfernungen hinweg schnell gehandelt werden kann. Das soll mit der Gründung der Medizinischen Universität Lausitz – Carl Thiem geschehen. In der Lausitz und darüber hinaus haben sich mit diesem größten Strukturwandelprojekt unglaubliche Chancen für die zukünftige Krankenversorgung und für sinnstiftende Arbeit ergeben. Mich macht es stolz, diesen Prozess im Team mit anderen gestalten zu können.

Holger Thomas ist Organisationsentwickler und
seit 2021 am Carl-Thiem-Klinikum Cottbus tätig.

Susann Troppa | **Den Pegel im Blick**

Die Lausitz kämpft mit zunehmendem Wassermangel, verursacht durch diverse Faktoren wie Klimaveränderungen und menschliche Eingriffe. Ursprünglich reich an Wasserquellen, leidet die Region unter immer häufigeren Dürreperioden und unregelmäßigen Niederschlägen. Intensive Landnutzung und Bergbau, insbesondere der Braunkohleabbau, haben den Grundwasserspiegel gesenkt und die Verfügbarkeit von Wasser beeinträchtigt. Auch der Ausstieg aus der Braunkohle und der Wegfall eingeleiteter Wässer werden Auswirkungen auf den Pegelstand von Spree und Neiße haben.

Um diesen Herausforderungen zu begegnen, sind nachhaltige Maßnahmen unerlässlich. Tagebaurestlöcher als Speicher, effiziente Nutzung und Wiederverwendung sind ebenso wichtig wie die Förderung von Technologien zur Wasseraufbereitung und -reinigung. Initiativen zur Reduzierung des Wasserverbrauchs in allen Bereichen der Gesellschaft sind entscheidend und erfordern Bewusstseinsbildung und Verhaltensänderungen. Im Spreewald hat der Wassermangel negative Folgen für die Wasserqualität und den Wassertourismus; die Lebensräume zahlreicher Wasserorganismen werden zerstört. Das gesamte ökologische Gleichgewicht der Region wird destabilisiert. Besonders schwerwiegend sind die Folgen für die Moore. Insbesondere durch Entwässerung und landwirtschaftliche Nutzung wurden die Feuchtgebiete stark verändert; der zunehmende Wassermangel der Spree verschärft diese Probleme, indem er die Moore austrocknen lässt, was zur Freisetzung von Treibhausgasen führt, die Biodiversität schädigt und die natürliche Wasserregulierung der Region beeinträchtigt. Der Pegelmesser befindet sich unweit der Station Sauenmoor an dem multimedialen Moorlehrpfad in Raddusch.

Die Zukunft der Lausitz hängt von einer koordinierten Zusammenarbeit aller Beteiligten ab, um langfristige Lösungen für den Wassermangel zu finden. Jeder Einzelne kann Wasser sparen und schützen. Gemeinsames Handeln sichert die Zukunft der Wasserressourcen und schafft eine lebenswerte Umgebung für kommende Generationen.

Susann Troppa setzt sich im Projekt UNESCO 5 dafür ein, das Erbe der Lausitz zu schützen, um die Lausitzer Natur- und Kulturlandschaften für zukünftige Generationen zu bewahren.

194

Dagmar Vogt | Hafengeflüster am Tagebaurand

Dann war er endlich da, der Tag des Einzugs in unser kleines Haus in Neuendorf. Wie es zu dieser Zeit üblich war, stand eines Nachmittags unser Bürgermeister Helmut vor der Tür, um uns herzlich im Dorf zu begrüßen. Er erzählte uns von den vielen Höhepunkten, die uns in diesem kleinen Ort erwarten würden, und beglückwünschte uns, dass wir so klug waren, gerade hier ein Häuschen zu bauen. In einigen Jahren wäre doch unser Dorf so nahe am Ostsee, und dieser würde unserer Region viel Wandel bringen. Da wir bereits bei der zweiten Flasche Bier angekommen waren, zwinkerten mein Mann und ich uns nur kurz zu. Als Bürgermeister Helmut beim Abschied rief: »Und vergesst nicht, euch rechtzeitig um ein Bötchen zu kümmern!«, sagte ich zu meinem Mann: »Kann man von zwei Flaschen Bier so beschwipst sein, dass man nicht mehr weiß, dass es *die* und nicht *der* Ostsee heißt?«

Noch heute, viele Jahre später, können wir herzlich über diese kleine Anekdote lachen. Wer hätte damals, 1998, auch nur annähernd ahnen können, was sich da vor den Toren unseres kleinen Dorfes entwickeln würde.

Eines unserer größten Projekte sollte der damals noch so genannte Neuendorfer Hafen werden. Nach dem Zusammenschluss der Dörfer Neuendorf, Maust und Bärenbrück zur Gemeinde Teichland wurde ein neuer Name für den Hafen gesucht. Alle Einwohner Teichlands waren aufgerufen, sich an der Namensfindung zu beteiligen. Zu meiner großen Überraschung machte meine Idee das Rennen. So bekam unser Zukunftshafen den Namen »Seehafen Teichland« und ich, als Namensgeberin, eine kleine Uhr, die seither unseren Flur ziert.

Heute, mehr als 25 Jahre später, schauen viele Teichländer optimistisch auf den Ostsee und unser sich rasant füllendes Hafenbecken. Wir freuen uns schon auf das gemeinsame Anbaden. Sicher wird es noch ein paar Jährchen dauern, aber wenn ich auf die kleine Uhr in unserem Haus schaue, weiß ich, dass die Zeit auf unserer Seite ist.

Dagmar Vogt ist pensioniert, Teichländerin und Gaststudentin an der offenen Hochschule der Brandenburgischen Technischen Universität Cottbus-Senftenberg. Der Seehafen Teichland befindet sich südlich von Peitz am Ostsee.

Eduard Völker | **Schwimmende Bauten**

Erstaunlich, dass aus einer Mondkraterlandschaft eine blühende Landschaft werden kann. Das gilt auch für die schwimmende Architektur, die als Ankerpunkt eines aufblühenden Tourismusgeschäfts auf der neuen, künstlichen Seenkette in der Lausitz entstanden ist. Beschleunigter Klimawandel, steigender Meeresspiegel, intensive Landnutzung und hohe Ansprüche an Wohnraum und Infrastruktur in Schwellen- und Industrieländern sind globale Widersprüche, die künftig durch das Besiedeln von Wasserflächen zu lösen sind.

Die Thematik hat mich begeistert, und so habe ich mein Dissertationsthema zum Potenzial von schwimmenden Häusern mit Professor Horst Stopp verabredet.

Mit einer Vielzahl von Tagebauseen, die zudem mit Überleitern untereinander schiffbar verbunden sind, besitzt die Lausitz Ressourcen, die nachhaltig und wirtschaftlich verwertet werden können. Sowohl in Südkorea als auch auf den Malediven entstehen derzeit schwimmende Städte. Hierzu patentierte Lösungen zu entwickeln und als Exportschlager anzubieten, den Wissenschaftstourismus zu fördern und zukunftssichere Arbeitsplätze zu schaffen, ist die Aufgabe eines zu gründenden Kompetenzzentrums für schwimmende und aufschwimmende Bauten in der Lausitz.

In einem deutsch-vietnamesischen Gemeinschaftsprojekt unter Einbindung des regionalen Unternehmens Mattig & Lindner in Forst hat das Institut für Schwimmende Bauten (IfSB) unter Leitung von Peter Strangfeld und meiner maßgeblichen Verantwortung den Hybridponton entwickelt. Dieser bildet nicht nur eine weitere Basis eines zukunftssicheren Eldorados für Wassersportler im Lausitzer Seenland, sondern eröffnet auch neue Chancen für Start-ups. Nicht zuletzt ist das Thema ein Alleinstellungsmerkmal der Fakultät 6 und zieht Studierende nach Cottbus.

Eduard Völker hat an der Brandenburgischen Technischen Universität Cottbus-Senftenberg promoviert und ist Mitbegründer und stellvertretender Vorsitzende des Instituts für Schwimmende Bauten (IfSB) – Architektur und Technik im und am Wasser e.V.

Hannah Wellpott | Neue Landschaften, altes Erbgut

Im Sommer 2021 besuchte ich das Gut Geisendorf bei Neupetershain zum ersten Mal während einer Radtour durch die Lausitz. Ich interessierte mich für die Geschichte devastierter Orte, wie die des 2001 für den Tagebau Welzow-Süd umgesiedelten Ortes Geisendorf/Gižkojce. Als letztes erhaltenes Gebäude erinnert das aus dem 17. Jahrhundert stammende Gutshaus heute noch an das sorbisch wie deutsch geprägte Dorf. Mit der Rekultivierung hatte ich mich bis dato kaum beschäftigt und blickte sehr ernüchtert auf die vor mir liegende karge Landschaft.

Ein Jahr später stand ich an derselben Stelle – diesmal als Mitarbeiterin eines Forschungsprojekts – und sah den Ort mit anderen Augen. Inzwischen hatte ich einiges über die Geschichte, Komplexität und auch Langwierigkeit der Rekultivierung erfahren.

Noch bis 2012 verlief die Abbruchkante kurz hinter dem Gutsgebäude. Seither wird diese Fläche rekultiviert – mit Agrar-, Wald- und Sukzessionsflächen. Dabei werden bewusst Bezüge zur historischen Landschaft hergestellt, etwa durch die Anpflanzung von Esskastanien, die bereits seit langer Zeit um das Gut herum wachsen. Bevor der Ort abgebaggert wurde, konnte das Erbgut der Bäume gesichert werden, und zahlreiche der daraus gezogenen Setzlinge wurden in die Folgelandschaft eingesetzt. Als Teil der Geisendorf-Steinitzer Endmoräne bilden sie eine Brücke zwischen der Landschaft vor und nach dem Tagebau. Da Esskastanien warme, trockene Standorte benötigen, sind sie auch bestens für künftige Bedingungen geeignet. Dabei darf jedoch nicht außer Acht gelassen werden, dass nicht nur der neue Standort der Bäume, sondern auch die sich ändernden klimatischen Bedingungen zu einem nicht unwesentlichen Teil auf den Braunkohleabbau zurückzuführen sind.

Das Beispiel der Geisendorfer Esskastanien zeigt, dass Wissen wie dieses unabdingbar ist, um die Landschaft in all ihren Ambivalenzen, ihrer Prozesshaftigkeit und Besonderheit lesen zu lernen. Dieses zu vermitteln ist Grundlage für eine gelingende Wiederaneignung und Gestaltung der Tagebaufolgelandschaft.

Hannah Wellpott ist wissenschaftliche Mitarbeiterin am
Serbski institut/Sorbischen Institut und für die Welterbeinitiative
»Lausitzer Tagebaufolgelandschaft«.

200

Henrik Wende | Spodumen – das Gestein für die Elektromobilität

Als ein in der Lausitz aufgewachsener Mensch liegen mir die Lausitz und ihr Wandel am Herzen. Dabei spielt Spodumen eine Rolle: Die von Braunkohle geprägte Region kann zu einem Zentrum der Elektromobilität werden. Das Gestein bildet den Hauptausgangsstoff für die Konvertierung und Veredelung zu Lithiumhydroxid, einem bedeutenden Rohstoff für die Batterieherstellung. Lithium ist in geringen Konzentrationen in vielen Mineralien zu finden. Hohe Konzentrationen sind die Ausnahme. Das liegt daran, dass sich Lithiumerze nur unter bestimmten geologischen Bedingungen bilden. Eines dieser Erze ist Spodumen, welches durch Spuren von Chrom oder Eisen eine leicht grünliche Färbung erhält.

Unsere Firma Rock Tech wird daraus das Lithium herauslösen und zu hochreinem, batteriefähigem Lithiumhydroxid weiterverarbeiten. Das sorgt für den Energiefluss in der Batterie und ist eines der wichtigsten Grundprodukte moderner Elektroautos. Dafür wird bis 2027 in Guben eine Lithium-Raffinerie, genannt Konverter, gebaut.

Guben ist meine Heimatstadt, in die ich nun nach langer Zeit beruflich zurückgekehrt bin. Zwischenzeitlich war ich in Hannover und auf der ganzen Welt unterwegs. Jetzt kann ich hier nicht nur leben, sondern auch arbeiten. Eine Möglichkeit, die es lange nicht gegeben hat. Diese Ansiedlung einer neuen Industrie lässt mich positiv in die Zukunft blicken. Ich bin überzeugt, das gilt auch für die nächste Generation, denn dadurch eröffnen sich mehr Möglichkeiten, in der Heimat Arbeit zu finden. Es ist kein Zufall, dass sich Rock Tech für die Lausitz als Standort entschieden hat, denn die Region entwickelt sich gerade zum europäischen Zentrum der Elektromobilität und Batterieproduktion. Als Heimat dieser zentralen Zukunftstechnologien wird die Lausitz die Zukunft gestalten und so Deutschland und Europa verändern.

Henrik Wende ist weltoffener und heimatverbundener Launch-Manager des Unternehmens Rock Tech Lithium in Guben.

202

Christian Wenger | Elektronische Nasen

Wenn Pflanzenkrankheiten schon vor dem Auftreten erster optischer Symptome erkannt werden, können Pflanzenschutzmittel gezielt eingesetzt und deutlich reduziert werden. Künftig sollen dabei sogenannte elektronische Nasen helfen, die im Rahmen der Fördermaßnahme »Innovation & Strukturwandel« des Bundesministeriums für Bildung und Forschung (BMBF) von einem Konsortium, bestehend aus der Brandenburgischen Technischen Universität (BTU), dem Leibniz-Institut für Agrartechnik und Bioökonomie e.V. (ATB), dem Leibniz-Institut für innovative Mikroelektronik (IHP) sowie der Photonic Insights GmbH, entwickelt werden. Ein Prototyp entstand im Rahmen des BMBF-Projekts »Innovationscampus Elektronik und Mikrosensorik Cottbus«.

Zahlreiche Pflanzenkrankheiten lassen sich über Änderungen der Emissionen von leicht flüchtigen organischen Verbindungen der betroffenen Pflanzen nachweisen. Für eine erfolgreiche Anwendung in der Landwirtschaft ist ein kostengünstiges Nachweisverfahren gekoppelt mit einer intelligenten Datenauswertung vor Ort von entscheidender Bedeutung. Deshalb wird die elektronische Nase im Projekt AgriNose auf der Basis von Halbleitersensoren realisiert, die mit modernen industriellen Methoden der Mikroelektronik herstellbar sind.

Die Kombination moderner Mikroelektronik mit Fragestellungen der Landwirtschaft ergibt große Chancen für die Etablierung der Lausitz als Hochtechnologiestandort im Bereich des Umwelt-Monitorings. Expertinnen und Experten aus den Bereichen Landwirtschaft, Physik und Biotechnologie sowie der Mikroelektronik, ergänzt durch die industrielle Expertise des Projektpartners Photonic Insights, sorgen für exzellente wissenschaftliche und technische Erfolgsaussichten, die gemeinsamen Projektziele bis Ende 2024 zu erreichen.

Christian Wenger ist Professor für Halbleitermaterialien an der Brandenburgischen Technischen Universität Cottbus-Senftenberg und leitet die Abteilung Materialforschung am Leibniz-Institut für innovative Mikroelektronik (IHP) in Frankfurt (Oder). Der Demonstrator ist in der Science Gallery (Erdgeschoss) Informations-, Kommunikations- und Medienzentrum der BTU in Cottbus zu besichtigen.

Daniel Werchosch | Bildung im Strukturwandel

Zugegeben: Im Lausitzer Strukturwandel wünschen wir uns manchmal eine Glaskugel, die genau zeigt, wo wir im Jahr 2038 stehen, welche nachhaltigen Technologien und Berufe die Region prägen oder welche Projekte und Ansiedlungen besondere Wirkung entfaltet haben werden. Dann könnten wir heute schon zielgenau die Weichen stellen. Doch im Strukturwandel ist manches eben nicht vorherzusehen. Anderes wissen wir hingegen schon: In den nächsten zehn Jahren gehen rund ein Viertel der Beschäftigten in der Lausitz in den Ruhestand. Und bereits heute können Arbeitsstellen in Gesundheits-, Bau- oder Elektroberufen monatelang nicht besetzt werden, oder die Nachfrage nach Ausbildungsstellen in Bereichen wie Softwareentwicklung oder Mediengestaltung übersteigt das Angebot deutlich.

Als Netzwerkbüro Bildung in der Lausitz begleiten und erforschen wir seit 2020 den Strukturwandel in der Region und begnügen uns dabei nicht mit einem vagen Blick in die Glaskugel, sondern analysieren datenbasiert die Entwicklungen des Arbeits- und Ausbildungsmarktes. Damit lässt sich die Transformation, wenn zwar nicht vor-, so zumindest bestmöglich nachzeichnen.

Doch reine Datenanalysen gestalten noch keine zukunftsfähige Bildungslandschaft. Dies gelingt nur im kooperativen und tatkräftigen Zusammenspiel mit regionalen Akteuren und Netzwerken wie der Kompetenzregion Lausitz. Hier nimmt man nicht die Glaskugel, sondern die Zukunft selbst in die Hand, befasst sich mit absehbaren Berufsperspektiven und Qualifizierungsbedarfen und stellt entsprechende Weichen für die berufliche Orientierung, Aus- oder Weiterbildung.

Was genau am Ende dieser Transformation stehen wird, wissen wir heute noch nicht im Detail. Doch für Bildung im Strukturwandel braucht es den Mut, neue Wege zu gehen, bei denen nicht immer klar ist, zu welchem Ziel sie führen. Das ist manchmal herausfordernd. Doch es überwiegt die einzigartige Chance, eine zukunftsfähige Lausitz zu gestalten – ganz ohne Glaskugel.

Daniel Werchosch ist stellvertretender Projektleiter und wissenschaftlicher Mitarbeiter Bildungsmonitoring im vom Bundesministerium für Bildung und Forschung geförderten Netzwerkbüro Bildung in der Lausitz.

Anna Wolff | Aufbruch am Bahnhof Weißwasser

Im Frühjahr 2023 entschied ich mich für einen Jobwechsel nach Cottbus, während mein Mann weiterhin in Görlitz arbeiten wollte. Wo also künftig wohnen? Als wir uns die beiden Orte auf der Karte anschauten, fiel uns auf: Weißwasser liegt ziemlich genau in der Mitte. Von hier aus können wir beide Städte bequem mit dem Zug erreichen. Damit war der Umzug nach Weißwasser für uns beschlossene Sache.

Seitdem nutze ich unter der Woche fast täglich die Zugverbindung zwischen den Lausitzer Städten. Zweimal am Tag stehe ich neben dem Bahnhofsgebäude – für mich ein Durchgangsort, der nicht zum Verweilen einlädt.

Doch genau das soll sich bald ändern. Seit Ende Oktober 2023 spüre ich tatsächlich einen Hauch von Aufbruchsstimmung neben den zwei Bahnsteigen mit der Aufschrift »Weißwasser (Oberlausitz) – Běla Woda«. Denn der von der Stadt in einer Auktion 2017 zurückerworbene Bahnhof soll sich zu einem Ort der Begegnung und des Austauschs wandeln und endlich aus seinem Dornröschenschlaf erwachen. Mit einer umfangreichen Sanierung und Erweiterung des Gebäudes wird Platz für ein Reisezentrum, eine Touristeninformation, die Stadtbibliothek und ein Bistro mit Lesecafé geschaffen. Durch die vorgesehene multifunktionale Ausstattung soll das Gebäude ab Frühjahr 2025 der Stadtgesellschaft auch für Workshops, Vorträge oder Ausstellungen zur Verfügung stehen und so zum lebendigen Herzstück der Stadt heranwachsen.

Damit ist dieser Bahnhof für mich ein greifbares Symbol des Strukturwandels und der Wiederbelebung verlassener Orte. Denn sogenannte Lost Places gibt es in der traditionsreichen Glasmacher-Stadt und in der Lausitz zuhauf. Verwaist stehen die Gebäude in der Landschaft und warten darauf, wieder mit Leben und Nutzen gefüllt zu werden – leider oft sehr lange. Doch für den über viele Jahre heruntergekommenen Bahnhof in Weißwasser, dessen Geschichte bis 1866 zurückreicht, scheint es dank Strukturmitteln und engagierten Macher:innen in der Stadt nun eine vielversprechende Zukunft zu geben.

Anna Wolff fühlt sich seit ihrer Kindheit mit der Lausitz verbunden und lebt mit ihrem Mann seit Herbst 2023 in Weißwasser.

Gerhard Zschau | **Ein Rucksack, der in der Lausitz wächst**

Es muss doch möglich sein, einen Rucksack zu bauen,
der in der Lausitz (nach)wächst.

Machen wir uns nichts vor: Wir haben ein tüchtiges Problem. Genauer: ein Klimaproblem. Damit uns die Welt nicht (noch mehr) um die Ohren fliegt, müssen wir in den kommenden zehn Jahren radikale Einschnitte in unseren derzeitigen Lebensweisen zulassen und wagen. In unserer Art, uns zu bewegen, zu essen, zu wirtschaften, zu kleiden. Wir alle müssen zukünftig unsere Gewohnheiten den Realitäten anpassen, das heißt, es wird sich etwas verändern. Beim Thema Kleidung und Accessoires gibt es vielerlei Ansatzpunkte, dies zu tun. Der Verzicht auf ultrabillige Fast Fashion zum Beispiel. Rückgriffe auf fair und/oder lokal produzierte (Bio-) Waren helfen schon sehr, CO_2-Emissionen zu senken. Zudem werden solche Güter unter deutlich besseren Arbeitsbedingungen hergestellt.

Gute Fashion kann also viel Gutes tun für diese Welt. Und deswegen präsentiert LABA den ersten Rucksack, dessen Hauptrohstoff in der Oberlausitz wächst. Es handelt sich um eine Neuinterpretation einer Weidenkiepe, die in der Lausitz/Łužica groß geworden ist und in Cottbus/Chóśebuz in Handarbeit geflochten wurde – ihr Name: KIEP IT REAL®.

Im Zusammenspiel von Korbflechterin (Cottbus/Chóśebuz), Sattler (Camina/Kamjenej), Weber (Neukirch/Wjazońca) sowie Schneiderin (Neukirch/Wjazońca) entsteht ein ganz besonderes Produkt der Lausitz – eines, das durch seine kurzen Produktions-/Vertriebswege sinnbildlich für die (klimatische) Transformation sich im Umbruch befindlicher Landstriche steht: regional, nachhaltig, nachvollziehbar. Ein radikales Unikat zur richtigen Zeit.

Gerhard Zschau, geboren 1984 in Budyšin/Bautzen, erlernte den Beruf des Fischwirts in Königswartha, studierte in Potsdam und Berlin und macht mit seinem Label LABA nachhaltige Mode. 2022 eröffnete er den LABA Flagship Store in Görlitz.
KIEP IT REAL® gibt es im LABA Flagship Store, Sohrstraße 17, 02826 Görlitz, und auf kiep-it-real.de

Max Zylla | Perspektivwechsel

Während meiner beruflichen Laufbahn in der internationalen Hotellerie und besonders während der Coronapandemie haben sich meine Perspektive und Werte hinsichtlich des erdrückenden Ausblicks auf unsere Zukunft, unter anderem aufgrund der Klimakrise, neu ausgerichtet. Daher entschied ich mich, im Wintersemester 2022/23 für den internationalen Studiengang Environmental and Resource Management (ERM) nach Cottbus zu ziehen.

Als gebürtiger Brandenburger hatte ich bis zuletzt keinerlei Bezug zur Lausitz oder zu Cottbus. Ehrlicherweise hatte ich tatsächlich Bedenken hinsichtlich des politischen Klimas in der Region. Nichtsdestotrotz ist die Lausitz als Energieregion ein Hotspot des Strukturwandels und damit von großem Interesse für mich. Dieser Fakt wird mir im Laufe meines Studiums jeden Tag aufs Neue vor Augen geführt. Denn überall, wo ich hinschaue, verändert sich etwas. Als Projektassistent am Energy Economics Lab des Energie-Innovationszentrums an der Brandenburgischen Technischen Universität Cottbus-Senftenberg kann ich weit über den Tellerrand blicken. Hier nutzen wir unterschiedliche Umgebungen und Szenarien in der virtuellen Realität, um die Akzeptanz der Menschen für Themen der Energiewirtschaft wissenschaftlich zu erfassen und auszuwerten. Besonders eindrucksvoll war der Ausblick auf den Cottbuser Ostsee mit unseren mobilen VR-Brillen im Rahmen des Summer Summit des Clusters Dekarbonisierung der Industrie (www.cluster-dekarbonisierung.de) im September 2023. Dabei wurde der Kontrast zwischen der Wüstenlandschaft des zu flutenden ehemaligen Braunkohletagebaus Cottbus-Nord und der von der Filmproduktionsfirma WHITESTAG Virtual Reality erstellten zukünftigen Hafencity und Umgebung des Cottbuser Ostsees (www.virtuelles-cottbus.de) besonders deutlich. Erlebnisse wie dieses und weitere Zukunftsaussichten, die wir in der virtuellen Realität erleben können, machen Hoffnung. Hoffnung auf eine nachhaltigere Gesellschaft und auch auf eine Perspektive für die Lausitz als meine zukünftige Wahlheimat.

Max Zylla ist Student an der Brandenburgischen Technischen Universität (BTU) Cottbus-Senftenberg und Projektassistent am Energy Economics Lab (EECON) des Energieinnovationszentrums (EIZ) der BTU.
www.b-tu.de/energie-innovationszentrum/eiz-labs/eecon-lab

Fotografinnen und Fotografen

Matthias Frank untersucht das Komplexe im scheinbar Alltäglichen. Er ist begeisterter Porträtfotograf und begegnet Menschen und ihren Themen mit großer Offenheit und Neugier. monkeyview.de

Nico Fritzenschaft ist ein Fotograf aus Süddeutschland und lebt derzeit in Berlin. In seiner Arbeit spielen Wechselwirkungen zwischen Architektur und Mensch eine große Rolle.. nicofritzenschaft.com

Tim Gassauer lebt und arbeitet als Fotograf zwischen Berlin und Chemnitz. In seinen Arbeiten beschäftigt er sich mit Fragen von Zugehörigkeit und Erinnerung. timgassauer.com

Manu Gruber ist eine deutsch-italienische Fotografin. Ihre Arbeiten zeichnen sich durch die Sichtbarmachung innerer Bilder und die Beschäftigung mit Vergänglichkeit und Erinnerung aus. manugruber.com

Attila Hartwig, Fotograf aus Berlin, erforscht in seinen Stillleben Licht, Textur und Materialität und sucht nach der ästhetischen Dimension von Gegenständen. attilahartwig.com

Nancy Jesse ist eine in Berlin lebende Porträt- und Dokumentarfotografin. 2023 hat sie ihr Studium an der Ostkreuzschule in der Klasse von Sibylle Fendt abgeschlossen.

Justus Lemm erforscht in seiner fotografischen Arbeit oft die Beziehung von Mensch und Natur. Sein Abschlussprojekt »Lithics« widmete sich den Ursprüngen menschlichen Verhaltens. justuslemm.com

Yvonne Most verbindet in ihrer Fotografie menschliche Geschichten und landschaftliche Strukturen. Ihre Werke vereinen die Themen Heimat und Verlust und zeigen intime Einblicke in soziale Gefüge. dokmost.de

Valentina Troendle ist Kulturarbeiterin und Fotografin und arbeitet in der Lausitz. Zeit, Wandel und Veränderung – kurz Transformation – sind Kernthemen ihrer fotografischen Arbeiten. valentinatroendle.de

Theresa Wißmann geht in ihren dokumentarischen Projekten Fragen zu sozialen Rollen und gesellschaftlicher Teilhabe nach – oft mit Blick auf den ländlichen Raum. theresawissmann.de

Heike Zappe ist Fotografin aus Brandenburg und Berlin. Ihre künstlerisch-dokumentarischen Porträts, Stillleben und Landschaften spiegeln die Wahrnehmung des Poetischen im Alltäglichen. heike-zappe.de

Dank

Dieses Buch ist ein Gemeinschaftswerk vieler Personen und Organisationen, die alle auf ihre Weise und mit ihren Kapazitäten zum Gelingen beigetragen haben. Ob Autorin, Fotograf, Mitglied der Jury oder Assistenz in einem der zahlreichen Vorstandbüros, allen gebührt ausdrücklich großer Dank für das Vertrauen und die ermutigende Unterstützung!

Der Förderverein der Brandenburgischen Technischen Universität Cottbus-Senftenberg e.V. trägt die juristische und finanzielle Verantwortung, ohne die es nicht geht. Jörg Waniek, Vorstandsvorsitzender des Vereins, und dem gesamten Vorstand sei besonders gedankt. Jörg Rohde, Leiter der Geschäftsstelle, hat uns viele Türen geöffnet und die Prozesse geschmeidig gestaltet.

Die Präsidentin der Brandenburgischen Technischen Universität Cottbus-Senftenberg, Gesine Grande, gab uns die Freiheit, aus einer fixen Idee ein Projekt zu entwickeln und die Idee des lebendigen Netzwerks auch in dieser Form umzusetzen.

Die Jury, bestehend aus Robert Denk, Inga Fischer, Klaus Freytag, Melanie Jäger-Erben, Stefan Körner, Ulrike Kremeier, Andreas Pfeiffer, Heidi Pinkepank, Dagmar Schmidt und Jörg Waniek, hat nicht nur wertvolle Hinweise gegeben, sondern auch im Auswahlprozess zusätzliches Vertrauen geschaffen und auf die Ausgewogenheit der Beiträge geachtet. Dafür ebenfalls ganz großen Dank!

Die Studierenden und Absolventen der Ostkreuzschule für Fotografie ließen sich auf das Wagnis ein, 99 Objekte aufzusuchen und die Beiträge mit ihrem jeweils individuellen Blick um eine Dimension zu erweitern. Zukunft lässt sich besser erfahren, wenn man sie zu sehen beginnt.

Wir danken unseren Kolleginnen und Kollegen Carmen Petke, Tim Rottleb, Tilo Wünsch und der Runde des »Zukunft gestaltenden Lunchs«, denen wir immer wieder von unseren Fortschritten berichteten und die auf diesem Weg viel mitgedacht und mitgelacht haben.

Besondere Unterstützerinnen des Buches sind die Organisationen, die sich finanziell engagiert haben. Ohne sie wäre es nicht gegangen: Attomol GmbH, BASF GmbH, Lausitz Science Network e.V., LEAG, Gebäudewirtschaft Cottbus GmbH, Kjellberg-Stiftung. Dafür sind wir sehr dankbar!

Wir danken Jana Fröbel und Nadja Caspar stellvertretend für alle Beteiligten im Ch. Links Verlag und in den Aufbau Verlagen. Es ist keine Selbstverständlichkeit, dass es ein Buch aus der Lausitz gibt, in dem 150 Personen ein Zukunftspanorama entwickeln.

Ohne die Lausitzerinnen und Lausitzer, die Zugezogenen und die Rückkehrerinnen, die Anpackerinnen und die Zuversichtlichen gäbe es das Buch nicht – und auch keine offene und somit zu gestaltende Zukunft. Sie und wir tun dies, weil wir hier leben und arbeiten.

Johannes Staemmler und Kathrin Schlüßler
Oktober 2024